# 《安全生产法》学习指南

《〈安全生产法〉学习指南》编委会　编

中国铁道出版社有限公司

2024年·北　京

## 内 容 简 介

本书主要包括《安全生产法》概述，铁路安全生产，城市轨道交通安全生产，安全生产法律责任等内容。附录部分收录了《全国人民代表大会常务委员会关于修改〈中华人民共和国安全生产法〉的决定》、《中华人民共和国安全生产法》、《关于〈中华人民共和国安全生产法(修正草案)〉的说明》、《铁路安全管理条例》、《高速铁路安全防护管理办法》、《铁路车站行车作业人身安全规定》、《城市轨道交通运营管理规定》和《安全生产法》知识百题测试等内容。

本书适合从事铁路运输、城市轨道交通运输相关工作的人员学习使用。

**图书在版编目(CIP)数据**

《安全生产法》学习指南/《〈安全生产法〉学习指南》编委会编. —北京:中国铁道出版社有限公司,2021.8(2024.6重印)
ISBN 978-7-113-28207-3

Ⅰ.①安… Ⅱ.①安… Ⅲ.①安全生产法-中国-学习参考资料
Ⅳ.①D922.544

中国版本图书馆 CIP 数据核字(2021)第 149010 号

**书　　名:《安全生产法》学习指南**
**作　　者:**《〈安全生产法〉学习指南》编委会

---

**责任编辑:** 黄　筱　　　**编辑部电话:** (010)51892548
**编辑助理:** 刘尚鹏
**封面设计:** 郑春鹏
**责任校对:** 孙　玫
**责任印制:** 高春晓

---

**出版发行:** 中国铁道出版社有限公司(100054,北京市西城区右安门西街8号)
**网　　址:** http://www.tdpress.com
**印　　刷:** 北京铭成印刷有限公司
**版　　次:** 2021年8月第1版　2024年6月第4次印刷
**开　　本:** 880 mm×1 230 mm 1/32　印张:8.5　字数:196千
**书　　号:** ISBN 978-7-113-28207-3
**定　　价:** 39.00元

---

# 编 委 会

# 前　言

《全国人民代表大会常务委员会关于修改〈中华人民共和国安全生产法〉的决定》已由中华人民共和国第十三届全国人民代表大会常务委员会第二十九次会议于 2021 年 6 月 10 日通过，自 2021 年 9 月 1 日起施行。安全生产是关系人民群众生命财产安全的大事，是社会经济高质量发展的重要标志，是党和政府对人民利益高度负责的重要体现。为广泛深入开展新修改的《中华人民共和国安全生产法》(以下简称《安全生产法》)宣传贯彻活动，为《安全生产法》施行营造强大的舆论氛围和构建良好的铁路及城市轨道交通安全生产秩序，用《安全生产法》指导铁路和城市轨道交通安全生产，我们组织相关人员编写了这本《〈安全生产法〉学习指南》。

近年来，我国铁路和城市轨道交通建设规模、运营里程、客运量屡创新高，有效缓解了出行压力，满足了人民出行要求。铁路和城市轨道交通是人民出行的重要基础设施，是国民经济大动脉、国家重要基础设施和大众化交通工具，是综合交通运输体系骨干、重要的民生工程和资源节约型、环境友好型的运输方式，在我国经济社会发展中的地位至关重要。交通联系千家万户，关系国计民生，安全是交通运输发展的永恒主题，是综合交通运输发展的本质要求和基本前提。根据有关法律、法规保证安全生产，确保铁路和城市轨道交通安全正点、方便快捷、智慧高效是铁路及城市轨道交通运输企业职工的神圣职责。

《〈安全生产法〉学习指南》共分为四章：第一章《安全生产

法》概述；第二章铁路安全生产；第三章城市轨道交通安全生产；第四章安全生产法律责任。中华人民共和国主席令（第八十八号）、《全国人民代表大会常务委员会关于修改〈中华人民共和国安全生产法〉的决定》、《中华人民共和国安全生产法》、《关于〈中华人民共和国安全生产法（修正草案）〉的说明》、《铁路安全管理条例》、《高速铁路安全防护管理办法》、《铁路车站行车作业人身安全规定》、《城市轨道交通运营管理规定》和《安全生产法》知识百题测试作为附录收于本书。全书力求通俗易懂，方便铁路运输站段及城市轨道交通行业的职工学习。

本书由冯凡卡负责全书写作大纲及相关组稿工作，彭扬华、彭章硕任主编，刘吉洋、杨斌、曾红武、何君智、黄颖、李星、贾振锋、张卫国、赵飞、石夷、王芳、尹伊、刘曙荣、冯凡卡参加编写。全书由广州铁路运输中级法院原副院长许峻审稿。

在本书编写过程中，中国铁路广州局集团有限公司安监室、长沙客运段，广深铁路股份有限公司广州南站、广州站、江村站，长沙市轨道交通集团有限公司，湖南高速铁路职业技术学院，长沙铁路西南铁运书店给予了大力支持，在此表示感谢。

书中如有不妥之处，敬请读者指正。

编委会

2021 年 8 月

# 目 录

# 第一章 《安全生产法》概述

## 一、《安全生产法》简介

《安全生产法》是调整、规范生产经营活动中安全监督管理，防止和减少生产安全事故的法律规范的总称。我国第一部《安全生产法》立法工作从酝酿到制定经历了 20 多年，在这一过程中，负责牵头组织起草的单位也随历次机构改革由国家劳动总局先后更替为劳动人事部、劳动部和国家经贸委。法案的名称也几经变化，由最初的《劳动保护法》，先后修改为《劳动安全卫生条例》《劳动安全卫生法》《安全生产法》《职业安全法》，最后仍定名为《安全生产法》。

1994 年，国家提出制定《安全生产法》，由劳动部提出并负责起草，经过几年努力，2002 年 6 月 29 日，《安全生产法》在第九届全国人民代表大会常务委员会第二十八次会议上通过。同年 11 月 1 日起，《安全生产法》正式施行。这是我国第一部安全生产方面的单行法律。2009 年 8 月 27 日，第十一届全国人民代表大会常务委员会第十次会议通过关于修改法律的决定，对《安全生产法》第 94 条进行修正：将“治安管理处罚条例”修改为“治安管理处罚法”。2012 年 6 月 4 日，《中华人民共和国安全生产法（修正案）》发布，开始公开征求意见，国务院第三十六次常务会议讨论通过《中华人民共和国安全生产法修正案（草案）》（以下简称《草案》），《草案》特别突出了事故隐患排查治理和事前预防。2014 年 2 月 25 日,《草案》提请第十二届全国人民代表大会常务委员会第七次会议第一次审议,杨栋梁在会上作说明,解读了首修的三大亮点:强化落实企业责任、强化监管、强化问责。2014 年 3 月 2 日,全国人民代表大会常务委员会对《草案》向社会公开征求意见。2014 年 8 月 7 日至 8 日,全国人民代表大会常务委员会法制工作委员会在北京组织召开了《草案》出台前评估会,就《草案》主要制度规范的可行性、出台时机,实施效果及实施中可能出现的问题进行了论证评估。2014 年 8 月 25 日,第十二届全国人民代表大会常务委员会第十次会议对《草案》进行了第二次审议,2014 年 8 月 31 日,第十二届全国人民代表大会常务委员会第十次会议通过《关于修改〈中华人民共和国安全生产法〉的决定》,并由中华人民共和国主席令第十三号正式公布,自 2014 年 12 月 1 日起施行。

此次修法历时两年多,由 97 条变为 114 条,增加了 17 条,修改了 70 多个条款。从结构、内容来看,吸收了国际上一些很成熟的安全生产监管经验,平衡了各个方面的利益。此外,按照国家治国理政的新要求做出了修改。

党的十八大以来,党中央对安全生产工作高度重视,作出了一系列重大决策部署。习近平总书记多次对安全生产工作发表重要讲话,作出重要指示,就安全生产发展理念、责任体系、改革发展、依法治理、科技创新、源头治理、应急救援、责任追究、队伍建设等作出重要论述,提出系统性全面要求。

2016 年 12 月 9 日,发布的《中共中央国务院关于推进安全生产领域改革发展的意见》(以下简称《意见》),是新中国成立以来第一个以党中央、国务院名义出台的安全生产工作纲领性文件，对推动我国安全生产工作具有里程碑式的重大意义。《意见》提出要增强“四个意识”，推进“五位一体”总体布局和“四个全面”战略布局，必须要坚守发展决不能以牺牲安全为代价这条红线，要着力强化企业安全生产主体责任、堵塞监督管理漏洞、解决不遵守法律法规的问题，要依靠严密的责任体系、严格的法治措施、有效的体制机制、有力的基础保障和完善的系统治理，切实增强安全防范治理能力。《意见》确立了五大基本原则，即要坚持安全发展，始终把人的生命安全放在首位；坚持改革创新，推进安全生产理论、制度、体制机制、科技、文化创新；坚持依法监管，深化监管执法体制改革，完善安全生产法律法规和标准体系；坚持源头防范，构建风险分级管控和隐患排查治理双重预防工作机制；坚持系统治理，要把层级治理、行业治理、政府治理、社会治理相结合。《意见》提出，到2020年，安全生产监管体制机制基本成熟，法律制度基本完善，全国生产安全事故总量明显减少，职业病危害防治取得积极进展，重特大生产安全事故频发势头得到有效遏制，安全生产整体水平与全面建成小康社会相适应；到2030年，实现安全生产治理体系和治理能力现代化，全民安全文明素质全面提升，安全生产保障能力显著增强，为实现中华民族伟大复兴的中国梦奠定稳固可靠的安全生产基础。

《意见》出台后，国家安全监管总局组织宣讲团赴各地区和有关企业开展宣讲，为《安全生产法》修改做了充分的思想准备和舆论准备。2017年4月《安全生产法》修改启动前，国家安全监管总局认真研究了《安全生产法》修改的基本思路和重点内容，并与全国人大常委会法工委和国务院法制办就《安全生产法》修改工作进行了汇报沟通。国家安全监管总局按照

《意见》要求,并结合近年来出现的新情况、新问题,于2017年5月起草了《中华人民共和国安全生产法修正案(送审稿)》(以下简称《送审稿》)初稿,并商国务院法制办社会司同意,按照立法程序于2017年9月分别征求了国务院有关部门(42家)、部分中央企业(5家)和各省级安全监管监察部门的意见,并通过官网向社会公开征求意见。

为修改好《安全生产法》,2017年12月4日至8日,全国人大常委会法工委副主任张勇同志亲自带队,国务院法制办有关同志参加,深入湖北和重庆开展了调研。

国家安全监管总局于2017年11月8日、12月14日两次组织召开总局局长业务办公会议,进一步对《送审稿》作了研究、修改、完善。2018年国务院机构改革后,根据应急管理部相关职责,再次修改完善了《送审稿》,11月29日,召开了有关司局参加的部长业务办公会,根据各方面意见,对《送审稿》作了进一步修改完善。2018年12月10日,应急管理部部长办公会议审议并通过了《送审稿》。2019年6月应急管理部党组成员、副部长尚勇带队前往全国人大常委会法工委汇报《安全生产法》修法工作并与进行深入沟通。2019年12月20日上午10时全国人大常委会法制工作委员会举行第三次记者会,宣布2020年计划修改的法律中有《安全生产法》。2020年2月司法部再次征求有关部门、省级政府和部分研究机构、行业协会、企业的意见,并会同应急管理部进一步开展了实地调研、专家座谈、沟通协调,反复修改完善,形成了《中华人民共和国安全生产法(修正草案)》,并经2020年11月25日国务院第115次常务会议讨论通过。2021年6月10日,中华人民共和国第十三届全国人民代表大会常务委员会第二十九次会议通过《全国人民代表大会常务委员会关于修改〈中华人民共和国安全生产法〉的决定》,自2021年9月1日起正式施行。

## 二、2021年修改的《安全生产法》十大亮点

### 1. 坚持党的领导

新修改的《安全生产法》第三条新增加:“安全生产工作坚持中国共产党的领导”。党的十九大报告指出,党政军民学,东西南北中,党是领导一切的。安全生产工作作为一项关系人民群众生命财产安全的一项重要工作,必须要坚持党的领导,深入学习贯彻落实习近平总书记关于安全生产重要论述,用安全生产实际成效践行“两个维护”。

### 2. 坚持人民至上、生命至上

习近平总书记在2020年两会期间参加内蒙古代表团审议时强调:“人民至上、生命至上,保护人民生命安全和身体健康可以不惜一切代价”。新修改的《安全生产法》增加了“坚持人民至上、生命至上,把保护人民生命安全摆在首位”的表述,是通过立法手段把党的主张变成国家意志,对推动安全生产工作具有重大意义。

### 3. 压实企业安全生产主体责任

(1)新修改的《安全生产法》提出,生产经营单位要建立健全“全员安全责任制”。这次修改新增了全员安全责任制的规定,就是要把生产经营单位全体员工的积极性和创造性调动起来,形成人人关心安全生产、人人提升安全素质、人人做好安全生产的局面,从而整体上提升安全生产的水平。

(2)高危行业领域强制实施安全生产责任保险制度。修

改前的《安全生产法》规定，国家鼓励生产经营单位投保安全生产责任保险，这次修改又增加了高危行业领域生产经营单位必须投保的规定。高危行业领域主要包括八大类行业：矿山、危险化学品、烟花爆竹、交通运输、建筑施工、民用爆炸物品、金属冶炼、渔业生产。

(3)强化了安全生产标准化建设工作。此次修改的《安全生产法》将“推进安全生产标准化建设”修改为“加强安全生产标准化建设”，对标准化建设提出了更高要求。

(4)增加拒不改正可以连续处罚的规定。增加一条，作为第一百一十二条：“生产经营单位违反本法规定，被责令改正且受到罚款处罚，拒不改正的，负有安全生产监督管理职责的部门可以自作出责令改正之日的次日起，按照原处罚数额按日连续处罚。”

(5)明确生产经营单位主要负责人作为安全生产第一责任人。将第五条修改为：“生产经营单位的主要负责人是本单位安全生产第一责任人，对本单位的安全生产工作全面负责。其他负责人对职责范围内的安全生产工作负责。”

### 4. 加大对违法违规行为的处罚力度

针对事故的罚款金额上限翻倍，最高可以处罚1亿元。针对负有事故责任的生产经营单位主要负责人的处罚，增加10%～20%的处罚力度，对发生事故的生产经营单位的罚款金额上限，在原来的基础上翻倍，并提出：“发生生产安全事故，情节特别严重、影响特别恶劣的，应急管理部门可以按照前款罚款数额的二倍以上五倍以下对负有责任的生产经营单位处以罚款。”将第九十四条改为第九十七条，修改内容包含：“生产经营单位有下列行为之一的，责令限期改正，处十万元以下的罚款”,修改前是五万元以下。将第九十九条改为第一百零二条,修改为:“生产经营单位未采取措施消除事故隐患的,责令立即消除或者限期消除,处五万元以下的罚款;生产经营单位拒不执行的,责令停产停业整顿,对其直接负责的主管人员和其他直接责任人员处五万元以上十万元以下的罚款;构成犯罪的,依照刑法有关规定追究刑事责任。”对生产经营单位未采取措施消除事故隐患的增加了“处五万元以下的罚款”,将对责任人的处罚从2万~5万元增加到5万~10万元。

### 5. 强化凝聚监管合力

(1)明确“三个必须”。习近平总书记在2013年考察中石化黄岛经济开发区输油管线泄漏引发爆燃事故抢险工作时首先提出“管行业必须管安全、管业务必须管安全、管生产经营必须管安全”的工作要求。这次修改的《安全生产法》将“三个必须”写入了法律,进一步明确了各方面的安全生产责任。

(2)强化政府监管责任落实。新修改的《安全生产法》将“强化和落实生产经营单位主体责任”修改为“强化和落实生产经营单位主体责任与政府监管责任”,突出和强化了政府监管责任。修改后第八条增加了一款“各级人民政府应当加强安全生产基础设施建设和安全生产监管能力建设,所需经费列入本级预算。”第九条还提出“建立健全安全生产工作协调机制”,“乡镇人民政府和街道办事处,以及开发区、工业园区、港区、风景区等应当明确负责安全生产监督管理的有关工作机构及其职责,加强安全生产监管力量建设,按照职责对本行政区域或者管理区域内生产经营单位安全生产状况进行监督检查,协助人民政府有关部门或者按照授权依法履行安全生产监督管理职责"。同时,第四十一条提出:"县级以上地方各级人民政府负有安全生产监督管理职责的部门应当将重大事故隐患纳入相关信息系统,建立健全重大事故隐患治理督办制度,督促生产经营单位消除重大事故隐患。"

(3)强化社会监督。修改后《安全生产法》第十七条提出:"县级以上各级人民政府应当组织负有安全生产监督管理职责的部门依法编制安全生产权力和责任清单,公开并接受社会监督。"

### 6. 突出预防为主

(1)提出建立安全风险评估与论证机制。修改后的《安全生产法》第八条增加"县级以上地方各级人民政府应当组织有关部门建立完善安全风险评估与论证机制,按照安全风险管控要求,进行产业规划和空间布局,并对位置相邻、行业相近、业态相似的生产经营单位实施重大安全风险联防联控"的要求。

(2)增加了安全风险分级管控和隐患排查治理双重预防机制的规定。生产经营单位的主要负责人对本单位安全生产工作负有下列职责增加了"组织建立并落实安全风险分级管控和隐患排查治理双重预防工作机制",以及"生产经营单位应当建立安全风险分级管控制度,按照安全风险分级采取相应的管控措施"。

(3)关注从业人员心理和行为分析。修改后《安全生产法》增加:"生产经营单位应当关注从业人员的身体、心理状况和行为习惯,加强对从业人员的心理疏导、精神慰藉,严格落实岗位安全生产责任,防范从业人员行为异常导致事故发生"的规定。

### 7. 狠抓诚信建设

（1）对生产经营单位失信行为进行联合惩戒。修改后的《安全生产法》增加："有关部门和机构应当对存在失信行为的生产经营单位及其有关从业人员采取加大执法检查频次、暂停项目审批、上调有关保险费率、行业或者职业禁入等联合惩戒措施，并向社会公示。""负有安全生产监督管理职责的部门应当加强对生产经营单位行政处罚信息的及时归集、共享、应用和公开，对生产经营单位作出处罚决定后七个工作日内在监督管理部门公示系统予以公开曝光，强化对违法失信生产经营单位及其有关从业人员的社会监督，提高全社会安全生产诚信水平。"

（2）加大了对中介服务机构失信行为的惩戒力度。除了提供虚假报告，承担安全评价、认证、检测、检验职责的机构租借资质、挂靠的也要被处罚，增加"对有前款违法行为的机构及其直接责任人员，吊销其相应资质和资格，五年内不得从事安全评价、认证、检测、检验等工作；情节严重的，实行终身行业和职业禁入"的表述。

### 8. 更加注重行政执法与刑事司法的衔接

（1）将《中华人民共和国刑法修正案（十一）》中涉及安全生产领域的犯罪行为增加到《安全生产法》中。比如，将《中华人民共和国刑法修正案（十一）》中关于关闭、破坏直接关系生产安全的监控、报警、防护、救生设备、设施，或者篡改、隐瞒、销毁其相关数据、信息的行为进行补充等等。

（2）针对生产经营单位和中介服务机构性质严重、情节恶劣的违法违规行为，涉及犯罪的一律追究刑事责任。

（3）增加了公益诉讼的表述，提出："因安全生产违法行为造成重大事故隐患或者导致重大事故，致使国家利益或者社会公共利益受到侵害的，人民检察院可以根据民事诉讼法、行政诉讼法的相关规定提起公益诉讼。”

### 9. 推进“互联网+应急管理”

新修改的《安全生产法》提出：“国务院应急管理部门牵头建立全国统一的生产安全事故应急救援信息系统，国务院交通运输、住房和城乡建设、水利、民航等有关部门和县级以上地方人民政府建立健全相关行业、领域、地区的生产安全事故应急救援信息系统，实现互联互通、信息共享，通过推行网上安全信息采集、安全监管和监测预警，提升监管的精准化、智能化水平”。

### 10. 用事故教训推动工作

(1)深刻汲取近年来的事故教训，对生产安全事故中暴露的新问题作了针对性规定。比如，要求餐饮行业使用燃气的生产经营单位要安装可燃气体报警装置，并且保障其正常使用；要求矿山等高危行业施工单位加强安全管理，不得非法转让施工的资质，不得违法分包、转包。

(2)对事故整改和防范措施实施情况进行评估。《安全生产法》新增条款提出事故调查处理应当评估应急处置工作，以及“负责事故调查处理的国务院有关部门和地方人民政府应当在批复事故调查报告后一年内，组织有关部门对事故整改和防范措施落实情况进行评估，并及时向社会公开评估结果；对不履行职责导致事故整改和防范措施没有落实的有关单位和人员，应当按照有关规定追究责任”。

## 三、《安全生产法》的主要框架

《安全生产法》共七章，119 条，第一章“总则”从第一条至

第十九条，主要列举了国家政策；第二章“生产经营单位的安全生产保障”从第二十条至第五十一条，主要规定了企业责任；第三章“从业人员的安全生产权利义务”从第五十二条至第六十一条，主要规定了职工权益与工会作用；第四章“安全生产的监督管理”从第六十二条至第七十八条主要规定了政府职责；第五章“生产安全事故的应急救援与调查处理”从七十九条至第八十九条主要规定政府、企业、个人的责任义务；第六章“法律责任”从第九十条至第一百一十六条，主要规定了违法及其罚则；第七章“附则”从第一百一十七条至第一百一十九条。新修改的《安全生产法》虽然框架体系没有大的变动，但是充分吸收了这些年习近平总书记关于安全工作的指示精神及近年来安全工作的得失，修改调整幅度比较大，进一步强化新时代安全发展理念，全面落实安全生产责任制；明确安全生产监督机构、要求配备专职执法人员；顺应机构改革，及时调整管理部门；规范制定国家标准、鼓励单位从严制定企业标准；强调主要负责人责任落实，并提高处罚力度。

## 四、《安全生产法》的基本理念、方针和机制

《安全生产法》适用于生产经营单位的安全生产，所谓“生产经营单位”，是指从事商品生产、销售以及提供服务的法人和其他经济组织，不论其所有制性质、企业组织形式和经营规模大小，只要从事生产经营活动的，都应遵守《安全生产法》的规定。这样《安全生产法》实际上明确了学校、幼儿园、医院、公园等公益性单位的安全生产，也要参照其规定执行。《安全生产法》对特定领域安全管理的法律适用做出灵活处理，规定：“有关法律、行政法规对消防安全和道路交通安全、铁路交通安

全、水上交通安全、民用航空安全以及核与辐射安全、特种设备安全另有规定的,适用其规定”。但对于一些安全生产方面的问题,专门的法律法规未作规定的,适用《安全生产法》的规定。

### 1. 安全生产工作应当以人为本,树牢安全发展的理念

为加强党对安全生产工作的领导,贯彻党的十九届五中全会精神,《安全生产法》规定安全生产工作坚持中国共产党的领导,以人为本,坚持人民至上、生命至上,把保护人民生命安全摆在首位,树牢安全发展理念。这对于坚守红线意识、进一步加强安全生产工作、实现安全生产形势根本性好转的奋斗目标具有重要作用。

将“坚持人民至上、生命至上,把保护人民生命安全摆在首位”写进《安全生产法》主要原因有两点。

(1)坚持人民至上、生命至上,把保护人民生命安全摆在首位,是坚持以人民为中心的发展思想的必然要求。习近平总书记反复强调,中国共产党根基在人民、血脉在人民。人民立场是中国共产党的根本政治立场,是马克思主义政党区别于其他政党的显著标志。一部中国共产党的历史,就是牢固树立人民至上观念、全心全意为人民服务的历史。人民至上、生命至上是中国共产党性质宗旨、理想信念、初心使命的集中体现,贯穿于党领导人民进行革命、建设、改革的全过程,贯穿于我们党治国理政的各领域、各环节、各方面。

(2)坚持人民至上、生命至上,把保护人民生命安全摆在首位,需要从制度建设着手,全面提高公共安全保障能力。在安全生产方面,需要完善和落实安全生产责任制,细化各级党委和政府的领导责任、相关部门的监管责任、企业的主体责任,全面抓好防范、监督等各项措施的落实。

安全生产事关人民福祉，事关经济社会发展大局。安全发展必须树牢红线意识。安全生产红线是群众生命线，一头连着生产、一头连着安全，一头连着经济发展、一头连着人民群众生命财产。当前，党和国家对安全生产工作空前重视，安全生产工作进入了新的发展时期。站在新时代的高度，要充分认识安全生产的复杂性、长期性和艰巨性，增强"四个意识"，坚决守住安全生产这条红线，坚决防范遏制重特大安全事故发生，全力保障人民群众生命财产安全，切实维护社会大局和谐稳定。安全生产是安全发展的重要组成部分，安全生产工作必须坚持安全发展。

### 2. 安全生产工作方针是"安全第一、预防为主、综合治理"，强调从源头上防范化解重大安全风险

(1)安全第一。安全是人类生存发展最基本的需求和价值目标，没有安全一切都无从谈起。安全第一，就是要坚持人民群众的生命财产安全，特别是生命安全高于一切，在处理保证安全与发展生产关系的问题上，始终把安全放在首位，坚决做到生产必须安全、不安全不生产，把安全生产作为一条不可逾越的"红线"，坚决不要"带血的 GDP"。

(2)预防为主。安全生产任何时候都不允许"试错"，必须未雨绸缪，防患于未然，把工作的重心放在预防上，采取各种行之有效的措施，及时消除可能引发事故的各类隐患，防止和减少事故的发生。这一方针事关整个安全生产工作的方向和重心，要求各个方面时刻居安思危、关口前移，从平时、从细微处严格落实各项安全生产责任，切实从源头上防范和遏制事故的发生。

(3)综合治理。安全生产是一项系统工程，需要多方面统

筹协调、齐抓共管，综合施策、标本兼治，运用法律、经济、行政、技术、管理等手段，充分调动全社会力量，群防群治，才能达到预期目标。

《安全生产法》特别强调要从源头上防范化解重大安全风险。要把安全生产与经济发展放到同样高的地位，对于存在重大生产安全事故隐患被依法责令停产整改的，逾期不整改或整改后仍达不到法定安全生产条件的，违反建设项目安全设施“三同时”规定，拒不执行安全监管指令、逾期未完善相关手续的，安全生产条件达不到国家标准或行业标准要求的等等，企业都要关停并转，不能带病生产，把不安全的生产从源头就遏制住，决不能为了所谓的经济利益而放弃安全的基本要求。

### 3. 安全生产明确“三个必须”，建立完善责任体系

管行业必须管安全、管业务必须管安全、管生产经营必须管安全“三个必须”原则写入《安全生产法》，进一步明确了各方面的安全生产责任，建立起了一整套比较完善的责任体系。

（1）明确了部门安全监管职责。“管行业必须管安全”明确了负有安全监管职责的各部门在各自的职责范围内对有关行业、领域的安全生产工作实施监督管理。

（2）明确了新兴行业领域安全监管职责。由县级以上地方各级人民政府按照业务相近的原则确定监督管理部门，防止部门之间因为相互推责而形成的安全监管盲区。

（3）明确企业的决策层和管理层的安全管理职责。企业里除主要负责人是第一责任人以外，其他的副职都要根据分管业务对安全生产工作负一定的职责，负一定的责任。抓生产的同时必须兼顾安全、抓好安全，否则出了事故以后，管生产的是要负责任的。

当然,职能部门之间也要相互配合协作,《安全生产法》规定,负有安全监管职责的部门之间要相互配合、齐抓共管、信息共享、资源共用,这样才能依法加强安全监管工作,让部门之间既责任清晰,又齐抓共管,形成监管的合力。

### 4. 建立“五方一体”的安全生产工作机制

生产经营单位的主体责任,指生产经营单位依照法律、法规规定,应当履行的安全生产法定职责和义务。《安全生产法》强调要强化和落实生产经营单位的主体责任,这是保障经济社会协调发展的必然要求,也是实现企业可持续发展的客观要求。安全生产工作涉及方方面面,需要建立有效的机制,明确各方面的权利义务和责任,形成齐抓共管的工作格局。《安全生产法》规定:“建立生产经营单位负责、职工参与、政府监管、行业自律和社会监督的机制”。

(1)生产经营单位负责。做好安全生产工作,落实生产经营单位主体责任是根本。建立安全生产工作机制,也要首先强调生产经营单位负责,这是安全生产工作机制的根本和核心。

(2)职工参与。一方面,职工是生产经营活动的直接操作者,安全生产首先涉及职工的人身安全。保障职工对安全生产工作的参与权、知情权、监督权和建议权,是我国基层民主的重要组成部分和建立现代企业制度的要求,是保障职工切身利益的需要,也有利于充分调动职工的积极性,发挥其主人翁作用。另一方面,做好安全生产工作需要职工积极配合,承担遵章守纪、按章操作等义务。没有职工的参与和配合,不可能真正做好安全生产工作。

(3)政府监管。在强化和落实生产经营单位主体责任、保障职工参与的同时，还必须充分发挥政府在安全生产方面的监管作用，以国家强制力为后盾，保证安全生产法律、法规以及相关标准得到切实遵守，及时查处、纠正安全生产违法行为，消除事故隐患，这是保障安全生产的关键。

(4)行业自律。市场经济条件下，必须充分发挥行业协会等社会组织的作用，加快形成政社分开、权责明确、依法自治的现代社会组织体制，强化行业自律，使其真正成为提供服务、反映诉求、规范行为的重要社会自治力量。对安全生产工作来说，行业自律更是非常重要的一个方面，也是日后发展的方向。

(5)社会监督。安全生产工作涉及方方面面，必须充分发挥包括工会、基层群众自治组织、新闻媒体以及社会公众的监督作用，实行群防群治，将安全生产工作置于全社会的监督之下。

生产经营单位负责、职工参与、政府监管、行业自律、社会监督是安全生产工作格局，其中，落实生产经营单位主体责任是根本，职工参与是基础，政府监管是关键，行业自律是发展方向，社会监督是实现预防和减少生产安全事故目标的保障。上述五个方面互相配合，互相促进，共同构成“五方一体”的安全生产工作机制。

## 五、提高全社会的安全生产意识

思想是行动的先导，只有从思想上高度重视安全生产工作，绷紧安全这根弦，才能搞好安全生产工作。因此，从提高全民意识入手，在思想上筑牢安全防线，增强安全防范意识，是搞好安全生产工作的当务之急。《安全生产法》第十三条规定：“各级人民政府及其有关部门应当采取多种形式，加强对有关安全生产的法律、法规和安全生产知识的宣传，增强全社会的安全生产意识。”安全生产意识，是人们关于安全生产的知识、观念和认识以及心理的总和，包括对有关安全生产的法律、法规的了解和对有关安全生产知识的掌握。做好安全生产工作，必须增强全社会的安全生产意识，依靠和发动广大人民群众积极主动、自觉自愿地参与，营造人人关注安全、关爱生命的社会氛围，强化对安全生产的社会监督，落实群防群治的要求。加强对有关安全生产的法律、法规和有关安全生产知识的宣传，是增强全社会安全生产意识的重要途径，这是各级人民政府及其有关部门的重要责任及一项法定义务。同时，各级人民政府及其有关部门对有关安全生产的法律、法规和安全生产知识掌握得比较全面、透彻，依托政府及其有关部门进行宣传，相对于其他主体来说有更大的优势。

国家将安全教育纳入国民教育内容，大中专院校和中小学应当开设安全知识课程，提高学生安全、紧急避险、救护知识和防灾能力。各级人民政府对安全生产宣传必须从思想上高度重视，组织上切实保证，财力上大力支持。要根据本地区实际情况，采取多种形式特别是人民群众喜闻乐见、通俗易懂的形式，利用电视、互联网、报纸、广播等多种手段，坚持贴近实际、贴近生活，结合开展“安全生产月”“安全生产万里行”等活动，普及安全生产法律法规和安全生产知识，深入开展安全文化建设，使安全发展理念深入人心，在全社会营造有利于安全生产工作的良好环境和氛围。

## 六、学习《安全生产法》的意义

安全生产是关系人民群众生命财产安全的大事，是经济社会高质量发展的重要标志，是党和政府对人民利益高度负责的重要体现。党中央、国务院高度重视安全生产工作。习近平总书记多次作出重要指示，强调各级党委政府务必把安全生产摆到重要位置，统筹发展和安全，坚持人民至上、生命至上，树牢安全发展理念，严格落实安全生产责任制，强化风险防控，从根本上消除事故隐患，切实把确保人民生命安全放在第一位落到实处。

十八届四中全会揭开了全面推进依法治国的新篇章，为推进依法治国指明了方向，十九届五中全会更是提出了坚持人民至上、生命至上，把保护人民生命安全摆在首位的要求。新修改的《安全生产法》，全面落实习总书记关于安全生产的重要指示，是安全生产法治建设史上具有里程碑意义的大事，为落实依法治国方略、推进依法保障安全生产提供了重要法律支撑。铁路和城市轨道交通行业认真学习宣传贯彻《安全生产法》，对于加强铁路和城市轨道交通安全生产法制化建设，深入推进铁路和城市轨道交通运输生产安全有序可控、基本稳定的安全管理目标，具有十分重要的意义。

### 1. 贯彻实施《安全生产法》，为加强和规范铁路和城市轨道交通安全生产管理确立了必须遵循的行为准则

如今，改革进入了攻坚期和深水区，人们对安全生产的认识实现了从安全生产到安全发展、再到实施安全发展战略的飞跃。尤其是党的十八大以后，习近平总书记多次提出，安全生产“人命关天，发展决不能以牺牲人的生命为代价。这必须作为一条不可逾越的红线”。生命安全是不可逾越的红线，安全法律是必须坚守的底线。

### 2. 贯彻实施《安全生产法》，为从根本上解决影响铁路和城市轨道交通安全生产的突出问题提供了强有力的法律保障

有法不依、执法不严的问题，在实践中表现比较严重，导致非法违法行为屡禁不止。新修改的《安全生产法》颁布后，铁路和城市轨道交通企业要抓紧建立健全“党政同责，一岗双责，齐抓共管”的安全生产责任体系，实现责任全覆盖，依法落实以企业负责人为核心的安全生产责任制，严格落实企业主体责任。要强化源头治理、治本攻坚，对重点领域隐患排查治理要锲而不舍、持续发力。继续强化铁路和城市轨道交通安全生产工作，要层层紧压，环环相扣，坚持依法治路，从严治路，抓实抓细铁路和城市轨道交通隐患大排查和巡视督导工作，遏制重特大事故的发生，确保安全生产形势持续稳定好转。

### 3. 贯彻实施《安全生产法》，为进一步健全完善铁路和城市轨道交通行业安全法规创造了基本前提条件

铁路企业和轨道交通企业要以贯彻落实十九届五中全会和新修改的《安全生产法》为契机，以全面推进依法治理安全为主线，顺势而为、乘势而上，强化安全生产依法治理，大力提升安全生产法治化水平。要以习近平总书记重要讲话为指导，进一步强化红线意识，加强依法保障安全生产的能力建设，加快建立完善铁路和城市轨道交通安全生产配套规章体系，认真贯彻实施新修改的《安全生产法》，全面推进依法治理安全生产的政策措施，把安全生产工作纳入法治化轨道。

# 第二章 铁路安全生产

## 一、《安全生产法》对铁路生产的影响和作用

新修改的《安全生产法》，从强化企业安全生产主体责任及完善政府安全监管体制机制和责任制度等方面入手，着眼于安全生产现实问题和发展要求，同时也补充完善了相关法律制度规定。这也是我国《安全生产法》自 2002 年开始颁布实施以来最大的革新变化。

新修改的《安全生产法》与 2014 年修改的《安全生产法》相比，对铁路运输企业有重要的影响和作用。

### 1. 责任更明晰

在新修改的《安全生产法》众多改变中，更加明晰的安全部门执法地位以及明确的安全职责与责任主体让“安全生产”这件关乎经济发展的大事落得更实。

新修改的《安全生产法》规定，要落实“三个必须”——管业务必须管安全、管行业必须管安全、管生产经营必须管安全。首先，规定国务院和县级以上地方人民政府应当建立健全安全生产工作协调机制，及时协调、解决安全生产监督管理中存在的重大问题。其次，明确国务院和县级以上地方人民政府安全生产监督管理部门实施综合监督管理，有关部门在各自职责范围内对有关行业、领域的安全生产工作实施监督管理，并将其统称负有安全生产监督管理职责的部门。第三明确各级安全生产监督管理部门和其他负有安全生产监督管理职责的部门作为执法部门，依法开展安全生产行政执法工作，对生产经营单位执行法律、法规、国家标准或者行业标准的情况进行监督检查。此外，乡镇街道以及开发区等管理机构对于辖区内的安全生产，今后也将负有职责。

做好安全生产工作，落实生产经营单位主体责任是根本。新修改的《安全生产法》把明确全员安全责任、发挥生产经营单位安全生产管理机构和安全生产管理人员作用作为一项重要内容，如第二十一条规定，生产经营单位的主要负责人要履行健全安全责任制、组织制定规章制度、实施职工培训、保证安全投入、安全监督检查等七项职责；第二十二条规定，生产经营单位的全员安全生产责任制应当明确各岗位的责任人员、责任范围和考核标准等内容，建立相应的机制，加强对全员安全生产责任制落实情况的监督考核，保证全员安全生产责任制的落实。当前，全路上下正全面推进安全管理规范化工作，其目的是根据新体制下的职能职责定位，进一步明确和落实企业以及专业管理部门、综合管理部门、安全监督部门的安全责任和各级干部的安全管理责任，强调全员全过程考核及全员责任在肩，夯实安全管理基础。

### 2. 追责更严厉

安全生产，广义上说对经济社会发展紧密关联，狭义上说就是关乎每个人的生活安全。在新修改的《安全生产法》中，对于不顾安全隐患，引发安全事故的企业处罚也更加严格。这也体现了国家加大对安全生产违法行为的责任追究力度。这其中最显著的是事故行政处罚力度和罚款力度加大。

新修改的《安全生产法》规定了事故行政处罚和终身行业

禁人。罚款的“起步价”和“上限”都明显提高:一般事故30万元至100万元,较大事故100万元至200万元,重大事故200万元至1000万元,特别重大事故1000万元至2000万元;特别重大事故的情节特别严重的,应急管理部门可以按照前款罚款数额的2倍以上5倍以下罚款。同时,新修改的《安全生产法》也进一步明确主要负责人负有安全责任在五年内不得担任任何生产经营单位的主要负责人,情节严重的,对重大、特别重大事故负有责任的,终身不得担任本行业生产经营单位的主要负责人。

在罚款处罚力度方面,结合各地区经济发展水平、企业规模等实际,新修改的《安全生产法》维持罚款下限基本不变、将罚款上限提高了2～5倍,并且大多数罚则不再将限期整改作为前置条件。这也反映了“打非治违”“重典治乱”的现实需要,强化了对安全生产违法行为的震慑力,也有利于降低执法成本、提高执法效能。

同时,建立严重违法行为公告和通报制度。新修改的《安全生产法》要求负有安全生产监督管理部门建立安全生产违法行为信息库,如实记录生产经营单位及其有关从业人员的安全生产违法行为信息;对违法行为情节严重的生产经营单位及其有关从业人员,应当及时向社会公告,并通报行业主管部门、投资主管部门、自然资源主管部门、生态环境主管部门、证券监督管理机构以及有关金融机构。

### 3. 措施更细实

新修改的《安全生产法》,除明确了安全责任的主体与相关部门职责,加大了对罔顾安全的违法生产处罚力度之外,对于安全生产的标准化、安全生产相关人才的培养也有了明确的推进制度，“注册安全工程师”就是其中之一。

为解决中小企业安全生产“无人管、不会管”问题，促进安全生产管理人员队伍朝着专业化、职业化方向发展，我国自2004年以来连续10多年实施了全国注册安全工程师执业资格统一考试，截至2020年3月30日，全国注册安全工程师人数约35万人。全国已有近20万人注册并在生产经营单位和安全生产中介服务机构执业。而在新修改的《安全生产法》中，确立了注册安全工程师制度，从两个方面加以推进：一是危险物品的生产、储存单位以及矿山、金属冶炼单位应当有注册安全工程师从事安全生产管理工作，鼓励其他生产经营单位聘用注册安全工程师从事安全生产管理工作。二是建立注册安全工程师按专业分类管理制度，授权国务院有关部门制定具体实施办法。除此之外，新修改的《安全生产法》还对建立事故预防和应急救援制度、安全生产标准化制度以及安全生产责任保险制度等一系列制度加以详细的阐述及说明，目的就是通过法律的效力，让更多企业认识到安全生产的重要性，从而推动各项安全生产要求的切实落地。

## 二、铁路安全生产保障

生产经营单位是生产、经营活动的主体，在安全生产工作中处于核心地位。保障安全生产，生产经营单位是关键。从近年来发生的安全事故看，大都与生产经营单位不具备基本的安全生产条件或者安全生产管理不到位有直接关系。因此，《安全生产法》本着“预防为主”的原则，有针对性地对生产经营单位应当具备的安全生产条件和加强安全生产管理作出了32条规定，具有十分重要的意义。

### 1. 对于生产经营单位加强安全生产条件和加强安全生产管理的规定

生产经营单位是生产、经营活动的直接承担者，也是保证安全生产的基石。生产经营单位要想安全生产，必须具备基本的安全生产条件，这是保障安全生产的前提和基础。《安全生产法》规定，生产经营单位应当具备本法和有关法律、行政法规和国家标准或者行业标准规定的安全生产条件；不具备安全生产条件的，不得从事生产经营活动。同时，生产经营单位的主要负责人对本单位安全生产工作负有七项职责：

(1)建立健全并落实本单位全员安全生产责任制，加强安全生产标准化建设；

(2)组织制定并实施本单位安全生产规章制度和操作规程；

(3)组织制定并实施本单位安全生产教育和培训计划；

(4)保证本单位安全生产投入的有效实施；

(5)组织建立并落实安全风险分级管控和隐患排查治理双重预防工作机制，督促、检查本单位的安全生产工作，及时消除生产安全事故隐患；

(6)组织制定并实施本单位的生产安全事故应急救援预案；

(7)及时、如实报告生产安全事故。

安全生产责任制是生产经营单位安全生产管理的核心制度，《安全生产法》要求生产经营单位的全员安全生产责任制应当明确各岗位的责任人员、责任范围和考核标准等内容。生产经营单位应当建立相应的机制，加强对全员安全生产责任制落实情况的监督考核，保证全员安全生产责任制的落实。

实践中，一些生产经营单位只顾追求经济效益，安全投入不足甚至不投入的现象较为普遍，“安全欠账”问题突出，为了解决这个问题，法律规定，生产经营单位应当具备的安全生产条件所必需的资金投入，由生产经营单位的决策机构、主要负责人或者个人经营的投资人予以保证，并对由于安全生产所必需的资金投入不足导致的后果承担责任。

对危险性较大的生产经营单位提取安全生产费用，是实践中一项行之有效的做法。这一制度最早适用于煤矿企业，后扩展到其他高危行业企业。因此新修改的《安全生产法》引入了此项机制，要求有关生产经营单位应当按照规定提取和使用安全生产费用，专门用于改善安全生产条件。安全生产费用在成本中据实列支。

### 2. 对于安全生产管理机构及专职安全生产管理人员的相关规定

落实生产经营单位的安全生产主体责任，需要生产经营单位在内部组织架构和人员配置上对安全生产工作予以保障。《安全生产法》规定矿山、金属冶炼、建筑施工、运输单位和危险物品的生产、经营、储存、装卸单位，应当设置安全生产管理机构或者配备专职安全生产管理人员。除此规定以外的其他生产经营单位，从业人员超过100人的，应当设置安全生产管理机构或者配备专职安全生产管理人员；从业人员在100人以下的，应当配备专职或者兼职的安全生产管理人员。

生产经营单位的安全生产管理机构以及安全生产管理人员履行下列职责：

(1)组织或者参与拟订本单位安全生产规章制度、操作规程和生产安全事故应急救援预案；

(2)组织或者参与本单位安全生产教育和培训,如实记录安全生产教育和培训情况;

(3)组织开展危险源辨识和评估,督促落实本单位重大危险源的安全管理措施;

(4)组织或者参与本单位应急救援演练;

(5)检查本单位的安全生产状况,及时排查生产安全事故隐患,提出改进安全生产管理的建议;

(6)制止和纠正违章指挥、强令冒险作业、违反操作规程的行为;

(7)督促落实本单位安全生产整改措施。

法律规定,生产经营单位可以设置专职安全生产分管负责人,协助本单位负责人履行安全生产管理职责。

法律要求生产经营单位的安全生产管理机构以及安全生产管理人员应当恪尽职守,依法履行职责;生产经营单位作出涉及安全生产的经营决策,应当听取安全生产管理机构以及安全生产管理人员的意见;特别强调生产经营单位不得因安全生产管理人员依法履行职责而降低其工资、福利等待遇或者解除与其订立的劳动合同。危险物品的生产、储存单位以及矿山、金属冶炼单位的安全生产管理人员的任免,应当告知主管的负有安全生产监督管理职责的部门。

生产经营单位配备安全生产管理人员的目的是加强安全生产管理,防止发生生产安全事故,因此生产经营单位的安全生产管理人员应当根据本单位的生产经营特点,对安全生产状况进行经常性检查;对检查中发现的安全问题,应当立即处理;不能处理的,应当及时报告本单位有关负责人,有关负责人应当及时处理。检查及处理情况应当如实记录在案。

生产经营单位的安全生产管理人员在检查中发现重大事故隐患，依照规定向本单位有关负责人报告，有关负责人不及时处理的，安全生产管理人员可以向主管的负有安全生产监督管理职责的部门报告，接到报告的部门应当依法及时处理。生产经营单位发生生产安全事故时，单位的主要负责人应当立即组织抢救，并不得在事故调查处理期间擅离职守。

对于生产经营单位的主要负责人和安全生产管理人员，法律要求必须具备与本单位所从事的生产经营活动相应的安全生产知识和管理能力。特别是危险物品的生产、经营、储存、装卸单位以及矿山、金属冶炼、建筑施工、运输单位的主要负责人和安全生产管理人员，应当由主管的负有安全生产监督管理职责的部门对其安全生产知识和管理能力进行免费培训并考核合格。

2002 年以来，我国引入注册安全工程师制度，目前已初步建立了一支涉及各行业的注册安全工程师队伍，为了更好地发挥他们的作用，《安全生产法》对此作出了新规定：危险物品的生产、储存、装卸单位以及矿山、金属冶炼单位应当有注册安全工程师从事安全生产管理工作。鼓励其他生产经营单位聘用注册安全工程师从事安全生产管理工作。注册安全工程师按专业分类管理，具体办法由国务院人力资源和社会保障部门、国务院应急管理部门会同国务院有关部门制定。

### 3. 对从业人员的相关规定

生产经营单位应当对从业人员进行安全生产教育和培训，保证从业人员具备必要的安全生产知识，熟悉有关的安全生产规章制度和安全操作规程，掌握本岗位的安全操作技能，了解事故应急处理措施，知悉自身在安全生产方面的权利和义务。

未经安全生产教育和培训合格的从业人员，不得上岗作业。鉴于这些年来，有些用人单位为了降低用工成本，大量使用派遣工，法律此次也作出了明确：生产经营单位使用被派遣劳动者的，应当将被派遣劳动者纳入本单位从业人员统一管理，对被派遣劳动者进行岗位安全操作规程和安全操作技能的教育和培训。劳务派遣单位应当对被派遣劳动者进行必要的安全生产教育和培训。

此外，随着校企合作的加深，越来越多的在校学生进入生产经营单位进行顶岗实习，法律对此也作出了规定：生产经营单位接收中等职业学校、高等学校学生实习的，应当对实习学生进行相应的安全生产教育和培训，提供必要的劳动防护用品。学校应当协助生产经营单位对实习学生进行安全生产教育和培训。

安全生产教育和培训不能停留在口号中，为了确保生产经营单位的安全生产教育和培训落到实处，保证教育和培训的效果，生产经营单位应当建立安全生产教育和培训档案，如实记录安全生产教育和培训的时间、内容、参加人员以及考核结果等情况。

随着经济发展、科技进步以及引进国外先进技术和设备的增加，越来越多的新工艺、新技术、新材料或者新设备被广泛应用于生产经营活动中，生产经营单位采用新工艺、新技术、新材料或者使用新设备，就必须了解、掌握其安全技术特性，采取有效的安全防护措施，并对从业人员进行专门的安全生产教育和培训。保证从业人员进行专门的安全生产教育和培训，保证从业人员了解、掌握其安全技术特性、防护措施等，并能够在工作中加以运用。由于特种作业人员所从事的工作潜在危险性较大，一旦发生事故不仅会给作业人员自身的生命安全造成危害，而且也容易对其他从业人员以及人民群众的生命财产造成威胁，因此生产经营单位的特种作业人员必须按照国家有关规定经专门的安全作业培训，取得相应资格，方可上岗作业。

### 4. 对于生产经营单位新建、改建、扩建工程项目的相关规定

生产经营单位建设项目是否具备安全设施，对于能否保障安全生产具有直接的影响。首先建设项目必须有相应的安全设施，这是保证安全生产的重要基础。《安全生产法》特别规定了安全设施与主体工程的“三同时”，即生产经营单位新建、改建、扩建工程项目（以下统称建设项目）的安全设施，必须与主体工程同时设计、同时施工、同时投入生产和使用。安全设施投资应当纳入建设项目概算。并且矿山、金属冶炼建设项目和用于生产、储存、装卸危险物品的建设项目，应当按照国家有关规定进行安全评价。

建设项目安全设施的设计人、设计单位应当对安全设施设计负责。矿山建设项目和用于生产、储存危险物品的建设项目的安全设施设计应当按照国家有关规定报经有关部门审查，审查部门及其负责审查的人员对审查结果负责。

矿山、金属冶炼建设项目和用于生产、储存、装卸危险物品的建设项目的施工单位必须按照批准的安全设施设计施工，并对安全设施的工程质量负责。矿山、金属冶炼建设项目和用于生产、储存危险物品的建设项目竣工投入生产或者使用前，应当由建设单位负责组织对安全设施进行验收；验收合格后，方可投入生产和使用。负有安全生产监督管理职责的部门应当加强对建设单位验收活动和验收结果的监督核查。

### 5. 对于生产经营单位场地、安全设备、安全工艺及危险品生产、保管、运输、使用、废弃等相关规定

要做到“安全第一”，就是要防止一切麻痹松懈的思想，不放过任何一个细节。生产经营单位应当在有较大危险因素的生产经营场所和有关设施、设备上，设置明显的安全警示标志，可以提醒、警告作业人员或其他有关人员时刻清醒认识所处环境的危险，提高注意力，加强自身安全保护，严格遵守操作规程，减少生产安全事故的发生。

安全设备是对安全生产具有直接保障作用的有关设备，因此安全设备的设计、制造、安装、使用、检测、维修、改造和报废，应当符合国家标准或者行业标准。生产经营单位必须对安全设备进行经常性维护、保养，并定期检测，保证正常运转。维护、保养、检测应当作好记录，并由有关人员签字。法律规定生产经营单位不得关闭、破坏直接关系生产安全的监控、报警、防护、救生设备、设施，或者篡改、隐瞒、销毁其相关数据、信息。现在餐饮行业安全生产问题频出，因此新修改的《安全生产法》对此也作出了明确规定，餐饮等行业的生产经营单位使用燃气的，应当安装可燃气体报警装置，并保障其正常使用。

危险物品的容器和运输工具，以及涉及生命安全、危险性较大的特种设备的产品质量如何，直接关系到能否保障安全生产，有必要对其安全管理专门作出较为严格的规定。因此法律规定，生产经营单位使用的危险物品的容器、运输工具，以及涉及人身安全、危险性较大的海洋石油开采特种设备和矿山井下特种设备，必须按照国家有关规定，由专业生产单位生产，并经具有专业资质的检测、检验机构检测、检验合格，取得安全使用证或者安全标志，方可投入使用。检测、检验机构对检测、检验

结果负责。

生产、经营、运输、储存、使用危险物品或者处置废弃危险物品的,由有关主管部门依照有关法律、法规的规定和国家标准或者行业标准审批并实施监督管理。生产经营单位生产、经营、运输、储存、使用危险物品或者处置废弃危险物品,必须执行有关法律、法规和国家标准或者行业标准,建立专门的安全管理制度,采取可靠的安全措施,接受有关主管部门依法实施的监督管理。对重大危险源应当登记建档,进行定期检测、评估、监控,并制定应急预案,告知从业人员和相关人员在紧急情况下应当采取的应急措施。并且生产经营单位应当按照国家有关规定将本单位重大危险源及有关安全措施、应急措施报有关地方人民政府应急管理部门和有关部门备案。有关地方人民政府应急管理部门和有关部门应当通过相关信息系统实现信息共享。

安全风险分级管控是指在安全生产过程中,针对各系统、各环节可能存在的安全风险、危害因素以及重大危险源,进行超前辨识、分析评估、分级管控的管理措施。生产经营单位应当建立安全风险分级管控制度,按安全风险分级采取相应的管控措施。

切实做好事故隐患排查治理工作,努力做到防患于未然,是预防发生生产安全事故的关键,也是生产经营单位日常安全管理的核心工作,生产经营单位应当建立健全生产安全事故隐患排查治理制度,采取技术、管理措施,及时发现并消除事故隐患。事故隐患排查治理情况应当如实记录,并通过职工大会或者职工代表大会、信息公示栏等方式向从业人员通报。其中,重大事故隐患排查治理情况应当及时向负有安全生产监督管理职责的部门报告。县级以上地方各级人民政府负有安全生产监督管理职责的部门应当将重大事故隐患纳入相关信息系统,建立健全重大事故隐患治理督办制度,督促生产经营单位消除重大事故隐患。

工艺、设备在生产经营活动中属于“物”的因素,是安全生产条件的重要组成部分,国家对严重危及生产安全的工艺、设备实行淘汰制度,生产经营单位不得使用应当淘汰的危及生产安全的工艺、设备。

此外,法律规定两个以上生产经营单位在同一作业区域内进行生产经营活动,可能危及对方生产安全的,应当签订安全生产管理协议,明确各自的安全生产管理职责和应当采取的安全措施,并指定专职安全生产管理人员进行安全检查与协调。

生产经营单位不得将生产经营项目、场所、设备发包或者出租给不具备安全生产条件或者相应资质的单位或者个人。生产经营项目、场所发包或者出租给其他单位的,生产经营单位应当与承包单位、承租单位签订专门的安全生产管理协议,或者在承包合同、租赁合同中约定各自的安全生产管理职责;生产经营单位对承包单位、承租单位的安全生产工作统一协调、管理,定期进行安全检查,发现安全问题的,应当及时督促整改。矿山、金属冶炼建设项目和用于生产、储存、装卸危险物品的建设项目的施工单位应当加强对施工项目的安全管理,不得倒卖、出租、出借、挂靠或者以其他形式非法转让施工资质,不得将其承包的全部建设工程转包给第三人或者将其承包的全部建设工程支解以后以分包的名义分别转包给第三人,不得将工程分包给不具备相应资质条件的单位。

### 6. 安全生产法的颁布对于铁路企业加强安全生产保障的意义

生产经营单位是生产经营活动的主体，也是安全生产工作的责任主体。要确保安全生产，最根本的就是生产经营单位要加强安全生产管理。这既是安全生产工作的客观规律，也是生产经营单位的法定义务。确保运输安全始终是铁路改革发展的重要基础和前提，始终是铁路各项工作的重中之重。近年来，铁路安全工作面临着新形势新要求，全路通过实施安全风险管理，在铁路网规模快速扩张、高速铁路集中投产、新技术新装备大量投入运用的情况下，有效控制和防范了各类安全风险，确保了铁路运输安全总体稳定。

新修改的《安全生产法》颁布，对于铁路企业安全生产提供了坚实的法律保障基础，它要求我们铁路企业做到以下几方面。

(1)遵守法律、法规的义务。铁路生产经营单位必须遵守《安全生产法》和其他有关安全生产的法律、法规，这也是所有生产经营单位必须要履行的义务。

(2)加强安全生产管理。安全生产管理是企业管理的重要内容，任何时候都把安全作为大事来抓，任何情况下都把安全放在第一位来考虑，任何影响安全的问题都要立即解决。管生产必须管安全，坚持不安全不生产，加强安全生产管理。

(3)建立、健全安全生产责任制和安全生产规章制度。安全生产责任制是企业岗位责任制的一个组成部分，是企业中最基本的一项安全制度，也是企业安全生产、劳动保护管理制度的核心。安全生产规章制度是以安全生产责任制为核心的，指引和约束人们在安全生产方面的行为，是安全生产的行为准则。铁路企业可结合铁路管理体制，把界定各级安全职能职责作为构建铁路新运行机制的重点，重新修订安全生产责任制，建立覆盖领导岗位、管理岗位和作业岗位的安全职责、工作标准和工作流程，形成较为完善的安全管理机制，针对安全生产出现的新情况新变化，对规章制度进行清理规范和修订完善，形成科学严密、简洁管用的安全管理制度体系。

（4）改善安全生产条件。安全生产条件既包括生产经营单位在安全生产中的设施、设备、场所、环境等“硬件”方面的条件，也包括安全生产教育、培训上岗等“软件”方面的条件。生产经营单位在符合安全生产条件的基础上，还要不断改善安全生产条件，从根本上促进安全生产水平的提高。在铁路现代化水平日益提升的新形势下，依靠设备和科技保安全，是防控安全风险、增强安全可靠性的重要手段。铁路企业一方面要保证投入，以设备保安全、以科技保安全；另一方面要加强管理、节约支出。同时适应安全生产对人员素质的需求，规范重点岗位人员任职资格条件，严格人员选拔和任用，加强业务技能培训，确保人员素质达标。

（5）加强安全生产标准化建设。安全生产标准化包含安全目标、组织机构和人员、安全责任体系、安全生产投入、法律法规与安全管理制度、队伍建设、生产设备设施、科技创新与信息化、作业管理、隐患排查和治理、危险源辨识与风险控制、职业健康、安全文化、应急救援、事故报告和调查处理、绩效评估和持续改进 16 个方面。加强安全生产标准化建设，目的是提高安全生产水平，确保安全生产。

## 三、铁路从业人员安全生产的权利与义务

铁路从业人员是铁路企业生产经营活动的直接操作者，既

是安全生产保护的对象，又是实现安全生产的基本要素，在安全生产工作中处于核心和关键的地位。因此《安全生产法》第六条规定："生产经营单位的从业人员有依法获得安全生产保障的权利，并应当依法履行安全生产方面的义务。"

## (一)铁路从业人员在安全生产方面的基本权利

### 1. 有依法获得社会保险的权利

《安全生产法》规定，生产经营单位在与从业人员订立的劳动合同中，应当载明有关保障从业人员劳动安全和依法为从业人员办理工伤社会保险的事项。工伤社会保险是指劳动者在职业活动中遇到意外事故伤害和职业病伤害的社会保险，这种社会保险与商业保险的不同之处就在于其法定的强制性。依照《安全生产法》的规定，生产经营单位必须依法参加工伤社会保险，为从业人员缴纳保险费。也就是说，对这一条规定的工伤社会保险，不管生产经营单位是否愿意，均必须参加。工伤社会保险是一种社会保障措施，目的是保护劳动者的合法权益。劳动合同中载明依法为从业人员办理工伤社会保险的事项，确保了从业人员的知情权，维护了从业人员的合法权益，也有利于对生产经营单位的监督。此外，生产经营单位与从业人员订立的合同中，不得含有免除或者减轻生产经营单位对从业人员因生产安全事故伤亡依法应承担的责任的内容。当前，在采矿业、建筑业的一些生产经营单位强迫劳动者与其订立"生死合同"，一旦发生人身伤亡事故，只给受害人或者其家属很有限的钱，就不再承担任何责任。这种"生死合同"严重损害了从业人员的合法权益，是对生命尊严的践踏，对此类合同必须严加禁止。因此，《安全生产法》作出了有针对性的规定，这种合同属于《中华人民共和国劳动法》第十八条规定的违反法律、行政法规的无效劳动合同。无效的劳动合同，从订立的时候起就没有法律约束力。另外，还要依照《安全生产法》第一百零六条的规定追究法律责任，即生产经营单位与从业人员订立协议，免除或者减轻其对从业人员因生产安全事故伤亡依法应承担的责任的，该协议无效；对生产经营单位的主要负责人、个人经营的投资人处 2 万元以上 10 万元以下的罚款。

### 2. 有知情权

各铁路企业有义务将铁路员工作业场所和工作岗位中存在的可能导致生产安全事故的危险因素如实、全面地告诉工作人员，并将生产安全事故的防范措施和事故的应急措施告知工作人员，即生产经营单位的工作人员的有关知情权。依照法律规定，铁路企业的员工有权了解其作业场所和工作岗位与安全生产有关的三方面情况：一是存在的危险因素，危险因素一般是指能对人造成伤亡或者对物造成突发性损害的因素；二是防范措施；三是事故应急措施。铁路企业的员工对于劳动安全的知情权，与员工的生命安全和健康关系密切，是保护劳动者生命健康权的重要前提。铁路员工的劳动安全知情权有些是要通过与铁路企业签订劳动合同来实现的。根据《安全生产法》相关规定，铁路企业与铁路从业人员订立的劳动合同，应当载明有关保障铁路从业人员劳动安全、防止职业危害的事项，应当将其作业场所和工作岗位存在的危险因素、防范措施及事故应急措施等如实告知劳动者。铁路企业的从业人员只有了解了这些情况，才有可能有针对性地采取相应措施，保护自身的生命安全和健康。

### 3. 对本单位的安全生产工作有建议权

《安全生产法》规定，从业人员有权对本单位的安全生产工作提出意见和建议，生产经营单位有义务并认真听取从业人员关于安全生产工作的意见和建议。铁路员工作为铁路运输生产的主体，当然会关心铁路企业的生产经营情况，且本单位的经济效益与员工的切身利益息息相关，特别是安全生产工作更是涉及铁路员工的生命安全和健康。因此，铁路员工有权利参与各铁路用人单位的民主管理。员工通过参与生产经营的民主管理，可以充分调动其积极性与主动性，可以充分发挥其聪明才智，为本单位献计献策，对安全生产工作提出意见与建议，共同做好铁路的安全运输生产工作。铁路各单位要重视和尊重铁路从业人员的意见和建议，并对他们的意见和建议及时做出答复。合理的意见应当采纳；对不予采纳的意见应当给予说明和解释。

### 4. 对安全生产工作中存在的问题有提出批评、检举和控告的权利，有权拒绝违章指挥和强令冒险作业

这里的批评权是指铁路员工对本单位安全生产工作中存在的问题提出批评的权利。法律规定这一权利，有利于铁路员工对铁路的安全运输生产进行监督，促使各铁路企业不断改进本单位的安全生产工作。这里的检举权、控告权，是指铁路员工对本单位及有关人员违反安全生产法律、法规的行为，有权向铁路上级主管部门和司法机关进行检举和控告的权利。检举可以署名，也可以不署名；可以用书面形式，也可以用口头形式。但是，铁路员工在行使这一权利时，应注意检举和控告的情况必须真实，要实事求是，不能道听途说、无中生有，更不能凭空捏造。法律规定员工的检举权、控告权，有利于及时对违

法行为作出处理,保障生产安全,防止生产安全事故。

铁路从业人员享有的拒绝违章指挥、强令冒险作业权,是保护铁路从业人员生命安全和健康一项重要的权利。这里的违章指挥,主要是指各铁路运营企业的负责人、生产管理人员和工程技术人员违反规章制度,不顾员工的生命安全和健康,指挥从业人员进行生产活动的行为。强令冒险作业,是指生产经营单位管理人员对于存在危及作业人员人身安全的危险因素而又没有相应安全保护措施的作业,不顾员工的生命安全和健康,强迫命令员工进行作业。这些都对铁路员工生命安全和健康构成极大威胁。为了保护自己的生命安全和健康,对于企业的这种行为,员工有权予以拒绝。

铁路企业不得因员工对本单位安全生产工作提出批评、检举、控告或者拒绝违章指挥和强令冒险作业而降低员工的工资、福利等待遇或者解除与其签订的劳动合同。员工享有的上述权利,是法律赋予的,铁路企业应当保障员工行使,任何人不得侵犯员工依法享有的权利。如果铁路企业因为员工依法行使法律规定的权利,比如,当员工发现本企业生产经营活动中有违反安全生产的法律、法规以及危及生命安全和健康的行为时,对本单位提出批评或者到有关部门进行检举、控告,铁路企业便对该员工通过降低其工资、福利待遇等方式,对其进行打击报复,或者因此解除与该员工订立的劳动合同,就是对劳动者依法行使正当权利的侵犯。对这类打击报复行为,《安全生产法》明确规定予以禁止。

### 5. 发现直接危及人身安全的紧急情况时,有进行紧急避险的权利

员工的紧急撤离权,是指其发现直接危及人身安全的紧急

情况时，享有的停止作业或者在采取可能的应急措施后撤离作业场所的权利。从业人员行使这种权利的前提条件是其发现直接危及人身安全的紧急情况，如果不撤离会对其生命安全和健康造成直接的威胁。例如，在开挖隧道时，发生工作面坍塌、支架破坏、岩层变软等异常时，隧道作业人员在此情况下有权停止作业，及时撤离。人的生命是最为宝贵的。法律对从业人员的紧急撤离权作出规定十分必要。同时，《安全生产法》还规定，企业不得因员工在前款规定的紧急情况下停止作业或者采取紧急撤离措施而降低其工资、福利等待遇或者解除与其订立的劳动合同。企业若实施此类行为则归于无效，对降低的工资要给员工补发、对福利予以恢复，解除合同的行为无效，原劳动合同依然具有法律效力。但是，对于有特定职务的铁路工作人员，应把旅客安全放在第一位，而不应实施紧急避险，比如客车司机，在列车运行过程中遇到危险，则不能放弃旅客，独自逃生，应尽量及时采取措施，把危险降至最低。

### 6. 依照民事法律的相关规定，向本单位提出赔偿要求的权利

生产经营单位发生生产安全事故后，应当及时采取措施救治有关人员。法律这样规定充分体现了以人为本，生命至上理念。依照《安全生产法》的规定，铁路企业必须依法参加工伤社会保险，为员工缴纳保险费。铁路用人单位应当按照国家规定，向工伤社会保险经办机构缴纳工伤社会保险费，以此设立工伤社会保险基金，实行社会统筹，用于对工伤职工或者职业病患者提供医疗救治和经济补偿。实施工伤社会保险，因生产安全事故受到损害的员工的诊疗康复费用及有关社会保障可以得到相当程度的解决，但是，在特定的情况下也有可能难以

完全补偿因生产安全事故所受到的损害。这样，因生产安全事故受到损害的员工就有权依照有关民事法律的规定，要求铁路企业进行赔偿。有关民事法律是指《中华人民共和国民法典》等。赔偿责任，是指行为人因其行为导致他人财产或人身受到伤害时，行为人以自己的财产补偿受害人损失的责任。这是承担民事责任最普遍、适用最广的方式。赔偿的范围，原则上应包括受害人所受的全部损害。

## （二）铁路从业人员在安全生产方面的基本义务

### 1. 遵守国家有关安全生产的法律、法规和规章

有关安全生产的法律法规和规章是对安全生产的基本要求和保障，每一个铁路员工都有义务严格遵守。

### 2. 在作业过程中，应当严格遵守本单位的安全生产规章制度和操作规程，服从安全生产管理

从业人员在作业过程中，应当严格落实岗位安全责任，要坚持做到“抓住不落实的事，追究不落实的人”，层层落实责任，建章立制，把安全生产责任分解逐级延伸落实，把安全生产的责任落实到每个环节、每个岗位、每个人。

铁路企业的安全生产规章制度是企业规章制度的重要组成部分。铁路安全生产管理方面的规章制度包括安全生产责任制、安全技术措施管理、安全生产教育、安全生产检查、伤亡事故报告、各类事故管理、劳动保护设施管理、要害岗位管理、安全值日制度、安全生产竞赛办法、安全生产奖惩办法、劳动防护用品的发放管理办法等。安全操作规程是指在生产活动中，为消除能导致人身伤亡或造成设备、财产破坏以及危害环境而制定的具体技术要求和实施程序的统一规定。铁路的安全生

产规章制度是保证劳动者的安全和健康,保证生产活动顺利进行的手段,没有健全和严格执行的安全生产规章制度,铁路的安全生产就没有保障。可以说,安全寓于生产的全过程之中,安全生产需要铁路企业的每一个人、每个工序相互配合和衔接。铁路企业的每一个从业人员都从不同的角度为企业的安全生产担负责任,每个人尽责的好坏影响铁路安全生产的成效。因此,铁路员工在作业过程中应当遵守本单位的安全生产规章制度和操作规程,服从管理。这样才能保证铁路运输生产的活动安全、有序地进行。

工作场所中的安全隐患通常包括人的不安全行为、不安全状态、物的不安全状态、环境的不安全状态、管理的不安全行为,为了确保安全生产,我们要时刻保持警惕之心、安全意识,敢于向不安全说不。为了确保在安全生产中严格遵守本单位的安全生产规章制度和操作规程,服从安全生产管理,可遵循“八不伤害”原则,具体如下。

(1)不伤害自己

严格按照规章制度的要求开展工作,时刻保持警惕之心,提高自我安全保护意识,坚决落实以下九不原则:不清楚安全隐患的设备不去碰;不清楚安全隐患的物料不去摸;不清楚安全隐患的场所不进去;不具备上岗条件的工作不去做;不在精神状态不良的情况下强作业;不酒后作业;不药后作业;不疲劳作业;不违规违纪作业。在工作中消除麻痹大意、侥幸心理,积极、认真参加单位举办的各种安全生产培训活动,确保自己掌握和牢记单位内与自己有关的各项安全规章制度的要求,提高自己辨识风险的能力。

(2)不被他人伤害

在工作中,要时刻注意工作场所附近的不安全因素,提高安全警惕心,消除麻痹侥幸心理,比如:对于违章指挥的情况,要敢于拒绝,以避免贸然作业而造成伤害;工作场所附近有违规违纪的作业,要及时给予提醒和纠正,防止他人违规违纪作业而伤害到自己,若不听劝的情况下,要第一时间上报并及早远离违规违纪作业的场所;发现存在有不安全行为的同事,要及时给予提醒,若不听劝的情况下,要第一时间上报并及早远离他;发现运转的设备存在有安全隐患的情况,要及时提醒责任人予以处理解决,并远离该场所;发现存在有不安全状态的物体,要及时上报,并远离该场所或按照操作规程的指引处理恢复到安全状态;发现工作场所附近安全警示标识存在不足的情况,及时提醒相应的责任人,予以纠正,若不听劝的情况下,要第一时间上报并及早远离该场所。

(3)不伤害他人

每个人的生命都非常宝贵,珍惜他人的生命如珍惜自己的生命一样,所以在工作中,一定要坚决履行:不要随意触碰或操作他人的设备设施;不要与工作中的他人聊天、追逐、打闹或嬉闹;不在他人工作场所逗留、大声喧哗而影响他人工作精力集中;不要移走他人工作岗位上的任何标识;不劝他人操作不清楚安全隐患的设备、作业;不劝他人触摸不清楚安全隐患的物料或物体;不劝他人进入不清楚安全隐患的场所或地带;不诱导他人心存侥幸心理作业;不告知他人不正确的作业程序或方法;发现工作场所存在不安全因素,在自己撤离场所的同时要第一时间告知相关的同事;发现他人存在有不安全的行为,要及时给予提醒和制止;发现他人工作状态存在异常时,要及时给予提醒制止;发现他人岗位存在有安全隐患,要及时给予提醒,引起他人的重视与注意,消除安全隐患;发现他人设备存在有安全隐患,要及时给予提醒,引起他人的重视与注意,消除安全隐患;发现他人工作场所有安全隐患,要及时给予提醒,以便其能第一时间撤离;遇到他人请示或询问,在自己不懂的情况下,实话告知他人自己不懂,不要胡乱告知;要积极、主动与他人分享自己所掌握的正确、规范的安全生产知识或技能;不因自己违规违纪作业而给他人造成伤害。

(4)保护他人不受伤害

在工作中,每个人都是安全生产工作的监督者,要提醒他人遵规守纪和制止他人出现故意伤害自己的行为,所以我们必须做到:提醒他人不要违规违纪作业;提醒他人要严格执行操作规程的要求;提醒或规劝他人远离危险场所;发现他人工作中存在不安全因素比如安全标识脱落、声音异常、气味异常等,要及时给予提醒;发现他人精神状态异常时,要及时给予提醒;发现他人行为异常时,要及时给予提醒规劝和制止;发现他人佩戴的劳动防护用品存在异常时,要及时给予提醒纠正;发现他人穿戴存在有不符合要求的情况,要及时给予提醒纠正,必要时予以上报,避免他人出现任何的安全事故;遇到险情或异常时,在确保自己安全的同时及时提醒、帮助他人,以确保他人安全。

(5)不伤害设施设备

在工作中,很多安全事故是设备设施的不安全状态导致的,所以,我们必须做到:对自己工作中使用或操作的设备设施,一定要严格按照设备设施使用说明书或安全操作规程的要求使用或操作设备设施,防止因违规违纪使用或操作导致设备设施存在安全隐患，给他人使用或操作时留下不安全因素；若在自己操作不熟练的情况下，不要贸然上机操作，而要多向师傅请教，直至自己熟悉熟练为止；不要动用或操作不属于自己职责范围内的设备设施，以防止自己不清楚操作要求，导致设备设施出现安全隐患，给他人使用或操作带来不安全因素。

(6)不伤害(破坏)工作环境

在工作中，我们务必要保持工作场所内的工作条件满足要求，不要随意破坏工作场所的工作条件，比如温度、湿度、照明、通风换气、有毒有害物的浓度等。所以，在工作中，我们一定要坚决做到：不要随意动用工作场所的任何标识；不要随意关闭工作场所的任何设施；不要随意打开工作场所的任何危险化学品；发现工作场所内的温湿度设施、照明设施、通风换气设施、危险化学品、安全警示标识等存在异常情况时，要第一时间上报，并提醒现场人员做好相应的防护或撤离场所。

(7)不伤害规章制度

对于工作中涉及的规章制度、操作规程(说明书)、作业基准书等，在没有得到书面允许的情况下，不要私自更改、涂抹任何内容，包括版本/状态、正文内容等，以避免他人由此误操作，引起安全事故的发生。

(8)不伤害安全标识

对于工作场所中的任何安全警示标识，我们必须做到：不涂改、不移动、不破坏、不更换、不拿走；发现工作场所的任何安全警示标识，存在不符合要求的情况，要及时上报相应的责任人，必要时提醒工作场所的所有人要注意。

### 3. 在作业过程中，应当正确佩戴和使用劳动防护用品，严禁在作业过程中放弃使用防护保护用品或者不正确佩戴或使用劳动防护用品

劳动防护用品，是指劳动者在劳动过程中为免遭或减轻事故伤害或职业危害所配备的防护装备。劳动防护用品分为一般劳动防护用品和特种劳动防护用品。劳动防护用品是保护铁路从业人员安全和健康所采取的必不可少的辅助措施，它区别于劳动保护的根本措施。从一定意义上讲，它是铁路从业人员防止职业毒害和伤害的最后一项有效的措施。同时，劳动防护用品又与铁路从业人员的福利待遇以及为保证产品质量、产品卫生和生活卫生所需要的非防护性的工作用品有着原则区别。在劳动条件差、危害程度高或者集体防护措施起不到作用的情况下，如在抢修或者检修设备、野外露天作业、处理事故或者隐患，以及生产工艺、设备一时跟不上等，个人防护用品会成为劳动保护的主要措施。劳动防护用品在劳动过程中，是必不可少的生产性装备，对铁路企业来讲要按照有关规定发放充足，不得任意削减，作为铁路员工要十分珍惜，正确佩戴和认真用好劳动防护用品。

### 4. 应当自觉地接受生产经营单位有关安全生产的教育和培训，掌握所从事工作应当具备的安全生产知识

这是关于铁路员工应当接受安全生产教育和培训的规定。伤亡事故的发生，不外乎人的不安全行为和物的不安全状态两种原因。其中控制人的不安全行为是减少伤亡事故的主要措施。而对铁路员工进行安全生产教育，是控制人的不安全行为的有效方法，是铁路安全生产管理工作中的一个重要组成部分，是提高铁路员工安全素质和自我保护能力、防止事故发生、

保证安全生产的重要手段。铁路员工应当有主动接受安全生产教育和培训的意识。

安全教育培训的基本内容包括安全意识、安全知识和安全技能教育。安全意识教育是安全教育的重要组成部分，是搞好安全生产的关键环节。它包括思想认识教育和劳动纪律教育两方面内容。铁路员工通过思想认识教育要提高对劳动保护和安全生产重要性的认识，奠定安全生产的思想基础。劳动纪律教育是提高企业管理水平和安全生产条件，减少工伤事故，保障安全生产的必要前提。铁路员工接受安全知识教育是提高其安全技能的重要手段。其内容包括铁路企业的基本生产概况、生产过程、作业方法或者工艺流程；铁路生产经营企业内特别危险的设备和区域；专业安全技术操作规程；安全防护基本知识和注意事项；有关特种设备的基本安全知识；有关预防生产经营单位常发生事故的基本知识；个人防护用品的构造、性能和正确使用的有关常识等。安全技能教育是巩固铁路员工安全知识的必要途径。其内容包括设备的性能、作用和一般的结构原理；事故的预防和处理及设备的使用、维护和修理。接受安全生产教育培训的人员应当达到相应要求，如对铁路企业行政领导和技术负责人来说，在安全生产教育培训后，要懂得安全生产技术的基本理论；能制定、审查灾害预防处理计划和实施措施，能正确组织、指挥抢救事故；具备检查、处理事故隐患，分析安全情况和提出改善安全措施的能力。

铁路员工接受安全教育培训的形式多种多样，如组织专门的安全教育培训班；班前班后交代安全注意事项，讲评安全生产情况；施工和检修前进行安全措施交底；各级负责人和安全员在作业现场工作时进行安全宣传教育、督促安全法规和制度的贯彻执行;组织安全技术知识讲座、竞赛;召开事故分析会、现场会,分析造成事故原因、责任、教训,制定事故防范措施;组织安全技术交流,安全生产展览、张贴宣传画、标语,设置警示标志,以及利用广播、电影、电视、录像等方式进行安全教育;通过由安全技术部门召开的安全例会、专题会、表彰会、座谈会或者采用安全信息、简报、通报等形式,总结、评比安全生产工作,达到安全教育的目的。因此铁路员工要积极参加上述形式的安全教育培训。

### 5. 在作业过程中发现事故隐患或者其他不安全因素的,应当立即向现场安全生产管理人员或者本单位的负责人报告

这是关于铁路员工对事故隐患或者不安全因素的报告义务。依照《安全生产法》规定,安全生产管理要坚持安全第一、预防为主、综合治理的方针。生产安全事故虽然有意外性、偶然性和突发性的特点,但它又有一定的规律,可以通过采取有效措施尽可能加以预防。铁路员工处于安全生产的第一线,最有可能及时发现事故隐患或者其他不安全因素,因此,《安全生产法》对铁路员工发现事故隐患或者其他不安全因素规定了报告义务,这也符合群众参与安全生产工作的方针。其报告义务有两点要求:一是在发现上述情况后,应当立即报告,因为安全生产事故的特点之一是突发性,如果拖延报告,则使事故发生的可能性加大,发生了事故则更是悔之晚矣;二是接受报告的主体是现场安全生产管理人员或者本单位的负责人,以便于对事故隐患或者其他不安全因素及时作出处理,避免事故的发生。接到报告的人员须及时进行处理,以防止有关人员延误消除事故隐患的时机。

## 四、铁路事故救援与处理

铁路的网络特性以及在我国社会经济中的特殊地位和作用，决定了铁路交通事故一旦发生，其影响在很多情况下并不仅限于局部或一个点，很有可能波及整个运输网络，给国民经济的正常运行带来不利影响。处理铁路交通事故，既要考虑最大限度地减少人员伤亡和财产损失，又要考虑尽快抢通线路、恢复通车，应急救援与处理工作十分重要。铁路交通事故是指铁路机车车辆在运行过程中发生冲突、脱轨、火灾、爆炸等影响铁路正常行车的事故，包括影响铁路正常行车的相关作业过程中发生的事故；或者铁路机车车辆在运行过程中与行人、机动车、非机动车、牲畜及其他障碍物相撞的事故。

《安全生产法》对事故应急救援进行了全面规范，具体到铁路企业来说，它是《铁路安全管理条例》《铁路交通事故调查处理规则》《铁路交通事故应急救援和调查处理条例》及《铁路交通事故应急救援规则》等法规、规章的上位法，从宏观上对铁路运输企业，事故各方当事人，事故现场的各类人员及国务院铁路主管部门、铁路管理机构和铁路沿线的地方各级人民政府参与事故应急救援的义务作了明确规定，也对事故调查处理的组织体系、工作程序、期限要求、行为规范以及有关法律责任作出具体明确的法律规定。从事故应急救援、事故报告、事故调查、事故处理等方面，对铁路交通事故的调查处理基本程序，有关机关和铁路管理机构组织事故调查组进行调查处理的程序和权限，相关地方人民政府、公安机关、安全生产监督管理部门、监察机关参加事故调查等各个环节作出明确规定，保证事故调查处理工作的依法规范进行。

安全生产重在预防,即千方百计防止和减少事故的发生。同时,在一定阶段内,事故发生不可能完全避免,这也是客观现实。因此,在全力预防事故发生的同时,还必须切实提高生产安全事故应急能力,在事故发生后及时有效地应对和处置,尽可能控制、减少、消除生产安全事故造成的损害。这就需要不断加强生产安全事故应急能力建设,提高应急救援的专业化水平。

《安全生产"十三五"规划》提出要提高应急救援处置效能,要做到以下几个方面。

(1)健全先期响应机制。建立企业安全风险评估及全员告知制度。完善企业、政府的总体应急预案和重点岗位、重点部位现场应急处置方案。加强高危企业制度化、全员化、多形式的应急演练,提升事故先期处置和自救互救能力。推动高危行业领域规模以上企业专兼职应急救援队伍建设及应急物资装备配备。建设应急演练情景库,开展重特大生产安全事故情景构建。建立企业内部监测预警、态势研判及与政府、周边企业的信息通报、资源互助机制。落实预案管理及响应责任,加强政企预案衔接与联动。建立应急准备能力评估和专家技术咨询制度。

(2)增强现场应对能力。完善事故现场救援统一指挥机制,建立事故现场应急救援指挥官制度。建立应急现场危害识别、监测与评估机制,规范事故现场救援管理程序,明确安全防范措施。推进安全生产应急救援联动指挥平台建设,强化各级应急救援机构与事故现场的远程通信指挥保障。加强应急救援基础数据库建设,建立应急救援信息动态采集、决策分析机制。健全应急救援队伍与装备调用制度。建立京津冀、长江经济带、泛珠三角、丝绸之路沿线等地区应急救援资源共享及联合处置机制。

(3)统筹应急资源保障。加快应急救援队伍和基地建设,规范地方骨干、基层应急救援队伍建设及装备配备,加强配套管理与维护保养。健全安全生产应急救援社会化运行模式,培育市场化、专业化应急救援组织。强化安全生产应急救援实训演练,提高安全生产应急管理和救援指挥专业人员素养。完善安全生产应急物资储备与调运制度,加强应急物资装备实物储备、市场储备和生产能力储备。

为了依法促进生产安全事故应急能力建设,这次修改《安全生产法》,充分吸收了《安全生产"十三五"规划》里的成功经验,规定了国家加强生产安全事故应急能力建设的有关内容及其他重要内容。

### 1. 国家加强安全生产事故应急能力建设

(1)国家在重点行业、领域建立应急救援基地和应急救援队伍。

应急救援基地和应急救援队伍是安全生产应急救援体系的重要组成部分。应急救援基地是规划服务区域内应对事故尤其是特别重大和复杂事故灾难中的中坚力量,同时承担着应急救援人才、技术、装备储备和救援人员培训与演习训练的职能。应急救援队伍是事故应急救援的专业组织和"正规军"。目前,我国经过《安全生产"十二五"规划》和《安全生产"十三五"规划》的建设,应急救援基地和应急救援队伍建设布局相对合理,涵盖矿山、危险化学品、油气田开采、铁路、民航、核工业、水上交通、旅游等行业和领域。这些应急救援基地和队伍,在生产安全事故应急救援工作中发挥了骨干作用。《安全生产法》强调重点行业、领域建立应急救援基地和应急救援队伍要由国家安全生产应急救援机构统一协调指挥。

(2)鼓励生产经营单位和其他社会力量建立应急救援队伍。

除国家建立应急增援基地和应急救援队伍外,为更好地加强应急能力建设,还需要生产经营单位和其他社会力量的积极参与建立应急救援队伍。《中华人民共和国突发事件应对法》第二十六条规定:“单位应当建立由本单位职工组成的专职或者兼职应急救援队伍”。2009 年国务院办公厅印发的《关于加强基层应急队伍建设的意见》,也明确提出,重要基础设施运行单位要组建本单位运营保障应急队伍,推进矿山、危险化学品、高风险油气田勘探与开采、核工业、森工、民航、铁路、水运、电力和电信等企事业单位应急救援队伍建设,以有效提高现场先期快速处置能力。国务院国资委发布的《中央企业应急管理暂行办法》提出,中央企业应当按照专业救援和职工参与相结合、险时救援和平时防范相结合的原则,建设以专业队伍为骨干、兼职队伍为辅助、职工队伍为基础的企业应急救援队伍体系。需要指出的是,考虑到不同行业面临生产安全事故的危险因素,规定危险物品的生产、经营、储存单位以及矿山、金属冶炼、城市轨道交通运营、建筑施工单位应当建立应急救援组织;生产经营规模较小的,可以不建立应急救援组织,但应当指定兼职的应急救援人员。并且规定危险物品的生产、经营、储存、运输单位以及矿山、金属冶炼、城市轨道交通运营、建筑施工单位应当配备必要的应急救援器材、设备和物资,并进行经常性维护、保养,保证正常运转。

此外,国家还鼓励其他社会力量建立应急救援队伍,比如,依托共青团组织、中国红十字会、中国青年志愿者协会、基层社区以及其他组织,建立形式多样的应急志愿者队伍等。各级政府应当重视专业应急救援队伍和非专业应急队伍的联合培训、联合演练、提高应急队伍的合成应急、协调应急能力。国务院办公厅印发的《关于加强基层应急队伍建设的意见》明确指出,积极动员社会力量参与应急工作。通过多种渠道,努力提高基层应急队伍的社会化程度。充分发挥街道、乡镇等基层组织和企事业单位的作用,建立群防群治队伍体系,加强知识培训。鼓励现有各类志愿者组织在工作范围内充实和加强应急志愿服务内容,为社会各界力量参与应急志愿服务提供渠道。有关专业应急管理部门要发挥各自优势,把具有相关专业知识和技能的志愿者纳入应急救援队伍。发挥共青团和红十字会的作用,建立青年志愿者和红十字志愿者应急救援队伍,开展科普宣教和辅助救援工作。应急志愿者组建单位要建立志愿者信息库,并加强对志愿者的培训和管理。地方政府根据情况对志愿者队伍建设给予适当支持。

充足完备的应急物资储备,是事故应急救援的重要前提和物质保障。同时,事故应急救援具有很强的专业性,光有勇敢、激情是不够的,必须科学抢救,按规律办事,不断提高应急救援的专业化水平,加强处理各种复杂情况的能力。

(3)国务院应急管理部门牵头建立全国统一的生产安全事故应急救援信息系统。

安全生产事故往往事出突然,只有及时了解掌握安全生产事故的真实信息,才能正确、及时进行预测、研判、快速处置和救援。因此,国家层面应当充分利用现代信息技术,整合现有信息汇集、传输渠道,建立高效统一、安全可靠、反应迅速的生产安全事故应急救援信息系统。

国务院应急管理部门牵头建立全国统一的生产安全事故应急救援信息系统。全国统一的应急救援信息系统能够做到对生产安全事故处置、救援、恢复的联动和统一指挥，有助于掌握生产安全事故的具体地点、危害程度、扩散状况、所需资源等，有效减少危机来临时的破坏程度。这是建立健全事故应急救援体系和运行机制，规范和指导应对处置工作，高效开展应急救援工作的重要制度，对生产安全事故应对工作具有重要意义。

国务院交通运输、住房和城乡建设、水利、民航等有关部门和县级以上地方人民政府建立健全相关行业、领域、地区的生产安全事故应急救援信息系统，实现互联互通、信息共享，通过推行网上安全信息采集、安全监管和监测预警，提升监管的精准化、智能化水平。安全生产涉及行业、领域十分广泛，各行业的情况和特点又有很大的差别，其应急救援工作具有很强的专业性，有必要在建立统一的应急救援信息系统的同时，建立起各行业领域自身的应急救援信息系统，充分发挥各行业主管部门的专业信息优势。需要强调的是，上述信息系统不是各自为政、相互孤立的，而要相互连接、沟通顺畅，最终形成一个统一的、覆盖全国的应急救援信息系统，及时汇集、分析和传输相关信息。

### 2. 县级以上地方各级人民政府应当组织有关部门制定本行政区域内生产安全事故应急救援预案，建立应急救援体系

凡事预则立，不预则废。生产安全事故具有突发性、紧迫性的特点，如果不事先做好充分的应急准备工作，很难在短时间内组织起有效的抢救、防止事故扩大、减少人员伤亡和财产

损失。组织、指挥生产安全事故应急救援，是县级以上地方各级人民政府的重要职责，要履行好这一职责，必须未雨绸缪，做好应对可能发生的生产安全事故的各种准备工作。因此，《安全生产法》规定了县级以上地方各级人民政府组织有关部门制定本行政区域内生产安全事故应急救援预案和建立应急救援体系的义务。

县级以上地方人民政府组织制定应急救援预案，应当注意以下几点。

（1）重点突出，针对性强。应当结合本行政区域内安全生产的实际情况，确定容易发生生产安全事故的地区、行业和单位，分析可能导致发生事故的原因，有针对性地制定应急救援预案。

（2）应急救援预案确定的程序要简单、步骤要明确，保证在事故发生时，应急救援预案能及时启动，并紧张有序地实施。

（3）统一指挥，责任明确。生产经营单位、政府部门之间以及同其他有关方面如何分工、配合、协调，应当在应急救援预案中加以明确。

应急救援体系是指保证应急救援预案的具体落实所需要的组织、人力、物力等各种要素及其调配关系的总和。应急救援体系应当与应急救援预案相协调。同时，应急救援体系应当是一个统一指挥、分工明确、协调配合，在发生生产安全事故时能迅速启动的体系。

由于制定应急救援预案和建立应急救援体系涉及多个部门，需要有较大的权威和有力的指挥、协调，单靠任何一个或者几个部门都难以完成。因此，规定由县级以上地方各级人民政府组织有关部门来履行这项职责，是符合实际情况的。

同时法律要求乡镇人民政府和街道办事处,以及开发区、工业园区、港区、风景区等应当制定相应的生产安全事故应急救援预案,协助人民政府有关部门或者按照授权依法履行生产安全事故应急救援工作职责。

### 3. 生产经营单位应当制定本单位生产安全事故应急救援预案

(1)生产经营单位应当制定本单位生产安全事故应急救援预案

生产经营单位发生生产安全事故后,从事故应急救援来说,事故发生单位处于最直接的地位,应在第一时间迅速组织事故抢救。为保证事故应急救援紧张有序地展开,客观上需要生产经营单位制定生产安全事故应急救援预案。同时,生产经营单位生产经营活动的内容、性质不同,生产安全事故的特点以及应急救援的方法也不完全相同。政府组织制定的应急救援预案难以完全体现不同生产经营单位事故应急救援的特点,也需要生产经营单位有针对性地制定本单位事故应急救援预案。《生产安全事故应急预案管理办法》明确规定:生产经营单位应当根据有关法律、法规、规章和相关标准,结合本单位组织管理体系、生产规模和可能发生的事故特点,与相关预案保持衔接,确立本单位的应急预案体系,编制相应的应急预案,并体现自救互救和先期处置等特点。

(2)生产经营单位制定的预案应当与政府组织制定的预案相衔接

按照《国家突发公共事件总体应急预案》"应急预案体系"的规定,企事业单位根据有关法律法规制定的应急预案是应急预案体系的一部分,各预案之间应当协调一致,充分发挥其整体作用。县级以上地方人民政府组织制定的生产安全事故应急救援预案是综合性的,适用于本地区所有生产经营单位。生产经营单位制定的本单位事故应急救援预案应与综合性应急救援预案相衔接,确保协调一致,互相配套,一旦启动就能够顺畅运行,提高事故应急救援工作的效率。主管的负有安全生产监督管理职责的部门要加强对生产经营单位应急救援预案编制工作的指导协调。

(3)生产经营单位应当对应急救援预案定期组织演练

生产安全事故应急救援预案还只是纸面上的东西,要真正转化成实际的应急救援能力,确保发生事故后应急救援预案能够迅速启动并高效、协调地运行,达到防止事故扩大、降低事故损失的目的,生产经营单位必须对事故应急救援预案定期组织演练,使本单位主要负责人、有关管理人员和从业人员都能够身临其境积累“实战”经验,熟悉、掌握应急救援预案的各项内容和要求,相互协作、配合。同时,通过组织演练,也能够进一步检验应急救援预案是否科学合理,发现存在的问题,及时调整完善。考虑到定期组织事故应急救援演练的重要意义,以及实践中不少生产经营单位制定了应急救援预案就万事大吉、束之高阁的突出问题,《安全生产法》将定期组织生产安全事故应急救援预案演练明确规定为生产经营单位的一项法定义务。

### 4. 生产经营单位有关人员报告生产安全事故及进行事故抢救等责任规定

《安全生产法》规定:“生产经营单位发生生产安全事故后,事故现场有关人员应当立即报告本单位负责人。单位负责人接到事故报告后,应当迅速采取有效措施,组织抢救,防止事故扩大，减少人员伤亡和财产损失，并按照国家有关规定立即如实报告当地负有安全生产监督管理职责的部门，不得隐瞒不报、谎报或者迟报，不得故意破坏事故现场、毁灭有关证据。”铁路运输是一种依赖于轨道的交通方式，一旦发生事故可能会中断列车的正常运行，造成线路堵塞，甚至导致全国铁路运输网络秩序的混乱，给社会经济和人民群众的生产生活造成重大影响。预防和减少事故的发生是铁路运输安全管理的首要原则，这就要求铁路运输企业及其相关单位要坚持“安全第一、预防为主、综合治理”的安全生产方针，坚决落实有关的安全管理职责，最大限度地减少事故的发生。

一旦发生事故，积极抢救受伤人员，尽快恢复列车正常运行，减少因中断行车导致的损失，保证铁路运输安全和畅通是铁路运输企业及有关单位开展救援和调查工作的首要任务。根据《安全生产法》规定，事故发生后，铁路运输企业和其他有关单位应当及时、准确地报告事故情况，积极开展救援工作。

(1)铁路运输企业的报告、救援义务

根据《安全生产法》及《铁路交通事故应急救援和调查处理条例》等的规定，铁路交通事故发生后，铁路运输企业的报告、救援职责主要包括以下几方面。

①及时准确报告事故情况。铁路交通事故发生后，报告事故情况要及时、准确。也就是说，事故发生后要马上报告，而不能随意拖延；报告的事故信息要准确，不能捕风捉影，误报信息；事故报告要包括事故地点、时间、伤亡、机车车辆脱轨、行车设备损失情况，以及是否需要救援等主要情况，报告情况尽可能详细完整。事故发生后，事故现场的铁路运输企业工作人员及其他人员应当立即报告邻近铁路车站、列车调度员或者公安

机关。有关单位和人员接到报告后，应当立即将事故情况报告事故发生地铁路管理机构。报告事故应当包括以下内容：事故发生的时间、地点、区间（线名、公里、米）、事故相关单位和人员；发生事故的列车种类、车次、部位、计长、机车型号、牵引辆数、吨数；承运旅客人数或者货物品名、装载情况；人员伤亡情况，机车车辆、线路设施、道路车辆的损坏情况，对铁路行车的影响情况；事故原因的初步判断；事故发生后采取的措施及事故控制情况；具体救援请求。事故报告后出现新情况的，应当及时补报。

②积极组织救援。事故发生后，列车司机应当立即停车，采取紧急处置措施；对无法处置的，应当立即报告邻近铁路车站、列车调度员进行处置。为保障铁路旅客安全或者因特殊需要不宜停车的，列车司机可以不停车，但是列车司机应当立即将事故情况报告邻近铁路车站、列车调度员，接到报告的邻近铁路车站、列车调度员应当立即进行处置。事故造成中断铁路行车的，铁路运输企业应当调整运输径路，减少事故影响。事故发生后，铁路运输企业应当根据事故等级启动相应的应急预案；必要时，成立现场应急救援机构。现场应急救援机构根据铁路交通事故应急救援工作的实际需要，可以借用有关单位和个人的设施、设备、物资等开展铁路交通事故应急救援。

（2）有关单位的事故报告、救援职责

这里所指的"有关单位"主要是指与事故发生以及与事故救援有密切关系的单位，如铁路交通事故中除铁路运输企业之外的另一方（或多方）当事单位和参与应急救援的沿线单位、公安机关、驻军和人民武装警察。根据《安全生产法》规定，这些有关单位的职责主要是，将事故情况报告事故发生地的铁路管理机构，积极支持、配合救援工作，维护事故现场秩序，根据请求参与事故救援等。

铁路运输企业和其他有关单位、个人，必须遵守铁路运输安全管理的各项规定。这不仅是对铁路运输企业全体人员在法律上的约束性规定，同时也是全社会公民的义务性规定，其目的是保证和维护铁路正常运输秩序，保证铁路大动脉的畅通，保护国家利益和广大人民群众生命财产不受损失。

铁路运输企业、其他有关单位和自然人，在自觉遵守铁路运输安全管理各项规定的同时，还应当自觉维护铁路运输安全秩序和铁路治安，对突发事件和危及铁路运输安全的破坏犯罪行为，应当采取积极防护和制止措施；禁止损害铁路机车车辆和铁路线路、桥梁、隧道、供电、通信、信号等基础设备设施，防止和避免铁路交通事故的发生。

### 5. 负有安全生产监督管理职责的部门和有关地方人民政府报告生产安全事故的规定

《安全生产法》规定："负有安全生产监督管理职责的部门接到事故报告后，应当立即按照国家有关规定上报事故情况。负有安全生产监督管理职责的部门和有关地方人民政府对事故情况不得隐瞒不报、谎报或者迟报。"生产安全事故报告，是事故应急处置的重要环节，负有安全生产监督管理职责的部门和有关地方人民政府及时、准确地上报事故情况，可以使上级政府和部门及时掌握事故发生和发展的态势，采取有效措施指导或者组织事故抢救，最大限度地减少生产安全事故造成的损失。在《中华人民共和国铁路法》《铁路交通事故应急救援和调查处理条例》《铁路交通事故调查处理规则》等法律法规及规章里，对于事故报告都有比较详细的规定。事故报告是铁路交通事故发生后的一项重要的信息传输工作，是减少人员伤亡、财产损失和恢复铁路行车秩序，保证事故调查正常进行的一个重要程序。

（1）铁路交通事故发生后现场报告的规定。

事故发生后，事故现场的铁路运输企业工作人员或者其他人员应当立即报告邻近铁路车站、列车调度员或者公安机关。有关单位和人员接到报告后，应当立即将事故情况报告事故发生地铁路管理机构。

报告时限的要求充分反映了铁路交通事故应急救援、恢复通车的紧迫性和重要性。这就要求事故现场工作人员和接到事故报告的有关单位和个人，不得拖延报告时间，保证在第一时间内报告事故，便于有关部门能及时了解掌握事故情况，采取合理有效的应急救援措施。

（2）国务院铁路主管部门、铁路管理机构接到事故报告后上报事故并通报有关单位的规定。

铁路管理机构接到事故报告，应当尽快核实有关情况，并立即报告国务院铁路主管部门；对特别重大事故、重大事故，国务院铁路主管部门应当立即报告国务院并通报国家安全生产监督管理等有关部门。发生特别重大事故、重大事故、较大事故或者有人员伤亡的一般事故，铁路管理机构还应当通报事故发生地县级以上地方人民政府及其安全生产监督管理部门。

根据事故应急救援和调查处理的需要，国务院铁路主管部门还应将事故情况通报有关部门，至于具体通报什么部门，《铁路交通事故应急救援和调查处理条例》没有说明，需要在实践中灵活掌握，但也应把握两条原则：一是应当参加应急救援的部门，如公安、消防、卫生、部队、武警等部门；二是应当参加事故调查处理的部门,如监察机关、检察院、工会等。而且其规定中没有将未造成人员伤亡的事故列入通报地方人民政府的范围,主要是考虑这类事故的影响较小,处理较为容易,且事故发生的频率较高和件数也较多,如果都需要通报地方人民政府的话,地方人民政府的现有监管力量难以胜任。

(3)铁路交通事故报告内容的具体规定。

铁路交通事故报告的内容参照《生产安全事故报告和调查处理条例》中关于事故报告的内容,并参考了《铁路交通事故调查处理规则》中关于事故报告的事项,明确铁路交通事故报告应当包括七个方面内容:

① 事故发生的时间、地点、区间(线名、公里、米)、事故相关单位和人员;

② 发生事故的列车种类、车次、部位、计长、机车型号、牵引辆数、吨数;

③ 承运旅客人数或者货物品名、装载情况;

④ 人员伤亡情况,机车车辆、线路设施、道路车辆的损坏情况,对铁路行车的影响情况;

⑤ 事故原因的初步判断;

⑥ 事故发生后采取的措施及事故控制情况;

⑦ 具体救援请求。

事故报告后出现新情况的,应当及时补报。之所以要求对出现的新情况及时补报,是因为有些不确定的状态需要经过一段时间才能转为确定状态。例如,由于事故的应急救援不力,事故没有得到有效的控制,导致发生次生事故,引起新的人员伤亡和财产损失,有的甚至是救援人员的伤亡。又如,对失踪人员的搜救和对被困人员的营救能否取得积极的结果,重伤者经过抢救能否脱离生命危险，损坏的设备设施能否进行修复以及中断铁路行车的时间也是动态变化的，都需要经过一段时间以后才能确定。这些都直接影响到伤亡人数的确定、直接经济损失和中断铁路行车时间的认定，而伤亡人数、直接经济损失和中断铁路行车时间的情况直接关系到事故等级的划分和事故的调查处理权限等具体问题。另外，对这些新的变化内容，事故报告的主体要及时进行补充报告，也有利于国务院铁路主管部门、铁路管理机构随时掌握了解事故的最新情况，及时变换救援措施，尽量减少事故损失。

(4)建立受理铁路交通事故报告和举报的值班制度的规定。

铁路交通事故值班制度是保证各级铁路管理部门和铁路运输企业正常履行铁路安全监督管理职责和落实安全管理义务的基本制度。建立事故值班制度，有利于全面准确掌握铁路安全动态，也有利于加强与广大人民群众的联系，接受社会和群众的监督。《铁路交通事故应急救援和调查处理条例》结合实践经验，第一次以行政法规的形式对铁路交通事故的值班制度作出明确规定，要求“国务院铁路主管部门、铁路管理机构和铁路运输企业应当向社会公布事故报告值班电话，受理事故报告和举报”。这里不仅要求国务院铁路主管部门、铁路管理机构建立相应的值班制度，也要求铁路运输企业公布事故报告值班电话，受理事故报告和举报。《铁路交通事故应急救援和调查处理条例》作出这样的规定，一是执行其规定的事故报告制度，保证及时、准确上报事故的需要；二是对事故信息来源渠道的有益补充，对于揭露谎报、瞒报事故有重要作用；三是维护公民检举、举报权利，是确保人民群众民主权利的重要措施。

《铁路交通事故应急救援和调查处理条例》规定了两种义务：

①国务院铁路主管部门、铁路管理机构的行政责任，规定了国务院铁路主管部门、铁路管理机构应当向社会公布事故报告值班电话，受理事故报告和举报。

②增加了铁路运输企业的安全责任主体义务，规定了铁路运输企业应当向社会公布事故报告值班电话，受理事故报告和举报。

铁路主管部门和铁路运输企业，应利用报纸、电视、网络等新闻媒体，向社会公布事故举报电话，受理事故报告和举报。公示的电话号码应该是24小时有人值守的电话，一般应为铁路主管部门的总值班室的值班电话或者安全监察部门的值班电话，也可以单独设立公布。

### 6. 生产安全事故调查处理的原则、任务、内容

《安全生产法》规定："事故调查处理应当按照科学严谨、依法依规、实事求是、注重实效的原则，及时、准确地查清事故原因，查明事故性质和责任，评估应急处置工作，总结事故教训，提出整改措施，并对事故责任单位和人员提出处理建议。事故调查报告应当依法及时向社会公布。事故调查和处理的具体办法由国务院制定。事故发生单位应当及时全面落实整改措施，负有安全生产监督管理职责的部门应当加强监督检查。负责事故调查处理的国务院有关部门和地方人民政府应当在批复事故调查报告后一年内，组织有关部门对事故整改和防范措施落实情况进行评估，并及时向社会公开评估结果；对不履行职责导致事故整改和防范措施没有落实的有关单位和人员，应当按照有关规定追究责任。"

(1)事故调查处理应当遵循的原则。

①科学严谨的原则。调查处理生产安全事故,需要做很多技术上的分析和研究,要科学调查、严谨分析,特别是要充分发挥专家和技术人员的作用,把对事故原因的查明、事故责任的分析、认定建立在科学分析的基础上,力求客观、公正。

②依法依规的原则。事故调查处理要严格按照《安全生产法》和《生产安全事故报告和调查处理条例》等法律法规规定的原则、程序进行,做到客观公正、恪尽职守、严守纪律。事故责任认定要“以事实为依据,以法律为准绳”,严格按照法律法规的规定,严肃追究相关责任人的责任。

③实事求是的原则。对生产安全事故进行调查处理,必须从实际出发,在深入调查的基础上,客观、真实地查清事故真相,明确事故责任,提出处理意见。不得从主观出发,凭空想象,不得感情用事,不得夸大事实或缩小事实,不得弄虚作假。

④注重实效的原则。事故调查处理要提高效率,尽快完成。同时,除了要严肃认真彻底查清事故原因和责任,还要通过事故调查加强警示教育,提出防范措施,用事故教训推动安全生产工作,不能用鲜血换来的教训,再次用鲜血去验证。

这四项原则是事故调查处理工作的经验总结,也是对事故调查处理工作的基本要求。

(2)生产安全事故调查处理的任务和主要内容。

①及时、准确地查清事故原因。查清事故发生的原因,是事故调查处理的首要任务和内容,也是进行下一步工作的基础。查清事故原因重在及时、准确,不能久查不清或者含含糊糊。

②查明事故性质和责任。事故性质是指事故是人为事故

还是自然事故,是意外事故还是责任事故。如果事故是人为事故和责任事故,就应当查明对事故负有责任的人员,确定其责任程度。

③评估应急处置工作。2014 年 9 月印发的《生产安全事故应急处置评估暂行办法》对生产安全事故的应急处置评估工作的相关内容作出了详细的规定,适用于除环境污染事故、核设施事故、国防科研生产事故以外的各类生产安全事故。

④总结经验教训,提出整改措施。这是事故调查处理的重要任务和内容之一。通过对事故原因的调查和事故责任的明确,发现安全生产管理工作的漏洞,从事故中总结经验教训,并提出整改措施,防止事故再次发生,这是生产安全事故调查处理的最根本的目的。

⑤对事故责任单位和人员提出处理建议。结合对责任的认定,分别提出不同的处理建议,使有关责任者受到合理的处理,包括给予行政处分或者建议追究相应的刑事责任。这对于增强有关单位和人员的责任心,预防事故再次发生具有重要意义。

(3)事故调查报告应当及时向社会公布。

事故调查报告是事故调查组根据调查情况编写的事故调查处理情况的报告,它是事故调查组工作成果的集中体现,也是事故处理的直接依据。关于事故调查报告的内容,《生产安全事故报告和调查处理条例》第三十条做出了明文规定,包括事故发生单位概况、事故发生经过和事故救援情况、事故造成的人员伤亡和直接经济损失、事故发生的原因和事故性质、事故责任的认定以及对事故责任者的处理建议、事故防范和整改措施。事故调查报告应当附有关证据材料,调查组成员应当在报告上签名。

可以说,事故调查报告是关于生产安全事故最权威、最系统的信息收集和研判,与社会公共利益密切相关,应当向全社会公开,这样做有以下几方面的意义:一是尊重群众的知情权;二是有利于充分发挥社会各方面对安全生产工作的监督作用;三是可以警示类似企业,促进其吸取教训,采取措施防止类似事故再次发生;四是可以进一步提高全社会的安全生产意识。需要注意的是,向社会公开事故调查报告,有一个前提条件,就是涉及国家秘密的除外。

(4)事故调查和处理的具体办法由国务院制定。

事故调查和处理的具体办法包括很多方面的内容,操作性也比较强,《安全生产法》中只能做出原则规定,难以规定得十分具体。因此,国务院制定事故调查和处理的具体办法,是符合实际情况的。按照法律的授权和要求,国务院于2007年制定了《生产安全事故报告和调查处理条例》,这是一部全面、系统规范生产安全事故报告和调查处理的行政法规,对事故的报告、调查、处理等做出了明确规定。此外,对于特定行业、领域的事故调查处理,《铁路交通事故应急救援和调查处理条例》《特种设备安全监察条例》等行政法规中做了规定。

(5)事故发生单位及时全面落实整改措施的责任。

事故调查报告中提出防范和整改措施后,更为关键和重要的是事故发生单位及时全面落实整改措施,认真反思,吸取教训,查找安全生产管理方面的隐患,切实提高安全生产水平,防止类似事故再次发生。这才是事故调查处理工作的根本出发点和落脚点。为进一步重申和明确事故发生单位落实整改措施的责任,《安全生产法》规定事故发生单位应当及时全面落实整改措施，负有安全生产监督管理职责的部门应当加强监督检查。

对事故发生单位来说，落实整改措施，一是要及时，能立即整改的，立即整改，难以立即整改的，要提出限期整改的明确计划，并积极创造整改条件。二是要全面，对每一项整改措施都要认真落实，不能搞“选择性落实”，同时要对各项整改措施统筹考虑，注重整体协同效果。

负有安全生产监督管理职责的部门要对事故发生单位落实整改措施的情况加强监督检查，逐项检查整改措施是否及时落实到位。对一时难以落实到位的，应当要求事故发生单位制订限期落实的计划，并采取相应的安全措施。对于拒不落实整改措施的事故发生单位及其相关人员，应当依法给予处罚。

(6)事故发生后的监督检查。

负责事故调查处理的国务院有关部门和地方人民政府应当在批复事故调查报告后一年内，组织有关部门对事故整改和防范措施落实情况进行评估，并及时向社会公开评估结果；对不履行职责导致事故整改和防范措施没有落实的有关单位和人员，应当按照有关规定追究责任。

### 7. 追究生产经营单位及有关行政部门生产安全事故责任的原则规定

生产经营单位发生生产安全事故，其原因往往比较复杂。从管理的角度看，可以分为非责任事故和责任事故两种。其中，非责任事故是指事故的发生是由于自然原因(包括不可抗力)或者他人人为破坏造成的，与生产经营单位或者对安全生产有关事项负有审批和监督职责的行政部门的安全生产监督管理无关。在这种情况下，不应追究生产经营单位或有关行政部门的法律责任。责任事故是指由于生产经营单位在安全生产管理方面的问题造成的事故，如安全生产规章制度不健全，安全投入不到位，不对从业人员进行安全生产教育和培训，不及时消除事故隐患，违章指挥、强令冒险作业等；或者是由于对安全生产的有关事项负有审查批准和监督职责的行政部门及其工作人员不依法履行职责，失职、渎职等造成的事故。

生产经营单位发生生产安全事故后，要依法进行事故调查处理。事故调查处理的重要任务之一就是查明事故的性质，即是否属于责任事故。一旦确定为责任事故，就必须对有关责任人依法予以追究。

为了使所有事故责任人员都受到应有的追究，《安全生产法》规定，事故经调查确定为责任事故的，首先要查明生产经营单位的责任并依法予以追究。即要查明生产经营单位是否因安全生产管理方面的问题而导致事故发生，同时依法追究有关负责人、主管人员以及其他负有直接责任的人员的法律责任。责任形式包括给予处分或者行政处罚；构成犯罪的，依照刑法有关规定追究刑事责任。同时，还应查明对有关安全生产事项负有审查批准和监督职责的有关行政部门的责任，主要是查明是否有失职、渎职行为，包括对不符合法定安全生产条件的涉及安全生产的事项予以批准或者验收通过的；发现未依法取得批准、验收的单位擅自从事有关活动或者接到举报后不予取缔或者不依法予以处理的；对已经依法取得批准的单位不履行监督管理职责，发现其不再具备安全生产条件而不撤销原批准或者发现安全生产违法行为不予查处的，等等。有上述行为之一并因此导致生产安全事故的，依照《安全生产法》第九十条的规定，应当对上述有关行政部门的工作人员给予降级或者撤职的处分;构成犯罪的,依照刑法有关规定追究刑事责任。

### 8. 任何单位和个人不得阻挠和干涉对事故的依法调查处理

依法进行事故调查处理,对于查明事故原因、明确事故责任、处理事故责任人员、完善事故防范措施、防止事故再次发生,都具有十分重要的意义,是安全生产工作不可或缺的环节。由于事故调查处理涉及事故责任认定,特别是对事故责任人的处理,实践中很可能会遇到有关单位或个人的阻挠和干涉,以达到影响事故定性定责,规避、推脱或者减轻责任等目的。比如,故意破坏事故现场或者转移、隐匿有关证据;隐匿有关事故发生的情况;无正当理由,拒绝接受事故调查组的询问或者拒绝提供有关情况和资料,干涉对事故性质的认定或者事故责任的确定;干涉对有关事故责任人员的处理等。

为了保证事故调查处理工作的顺利进行,使事故调查处理做到客观、公正、高效,必须排除一切阻挠和干涉。因此,《安全生产法》明确规定,任何单位和个人,包括生产经营单位及其有关人员、地方人民政府、政府有关部门及其工作人员以及其他任何单位和个人,都不得阻挠和干涉对事故的依法调查处理。对阻挠、干涉依法调查处理事故的单位和个人,依法追究法律责任。

# 第三章 城市轨道交通安全生产

## 一、《安全生产法》对城市轨道交通生产的影响和作用

2021 年新修改的《安全生产法》，共有 42 个条款修改，主要着眼于贯彻新思想、新理念，落实中央决策部署，健全安全生产责任体系，强化新问题、新风险的防范应对，加大对违法行为的惩处力度五个方面的内容，以“文化引领，文化强安”之姿态，提出了系列“新思想、新理念、新策略、新举措”。

《安全生产法》新修改条款，对城市轨道交通企业有很重要的影响和作用，主要表现在八个方面。

### 1. 进一步明确、压实了安全生产责任

(1)第三条新增“安全生产工作实行管行业必须管安全、管业务必须管安全、管生产经营必须管安全”及第五条修改为“生产经营单位的主要负责人是本单位安全生产第一责任人，对本单位的安全生产工作全面负责。其他负责人对职责范围内的安全生产工作负责”，进一步明确轨道交通运营单位的决策层和管理层的安全管理职责。“管业务必须管安全，管生产经营必须管安全”，各轨道交通运营单位董事长和总经理是主要负责人，是企业安全生产第一责任人。在轨道交通运营单位里除了主要负责人是第一责任人以外，其他副职都要根据分管的业务对安全生产工作负一定的职责和责任。比如，分管人力

资源的副总经理，对分管领域的安全要负责任，安全管理团队配备不到位、缺人而导致安全事故，分管人力资源的副总经理要负责任；分管财务的副总经理，安全投入不到位，分管财务的副总经理要负责任；分管生产的副总经理，不能只抓生产，不顾安全，抓生产的同时必须兼顾安全、抓好安全，否则出了事故，分管生产的副总经理要负责任。

(2)第四条、第二十一条、第二十二条中均将“安全生产责任制”修改为“全员安全生产责任制”，且第五十七条新增“从业人员在作业过程中，应当严格落实岗位安全责任”，这要求企业要建立健全、严格落实全员安全生产责任制。轨道交通运营单位每一个单位、每一个岗位、每一个员工，都不同程度直接和间接影响着安全生产。安全生产人人都是主角，没有旁观者，按照层级负责制、区域负责制、岗位负责制、专业负责制的要求，进一步修订完善轨道交通运营单位内部各单位、车间(室)各岗位的安全管理职责和考核标准，进一步厘清管理边界，切实做到明责、履责、尽责，及时堵塞管理漏洞。这次修改新增全员安全生产责任制的规定，就是要把生产经营单位全体员工的积极性和创造性调动起来，形成人人关心安全生产、人人提升安全素质、人人做好安全生产的局面，从而整体上提升安全生产的水平。轨道交通运营单位设置了专门的安全管理机构，由其来统筹、培训、监督、协调安全生产工作，真正落实安全生产人人有责，达到事故预防的目的。

### 2. 更注重源头防范化解风险和排查治理隐患

新修改的《安全生产法》要求前置预防机制，源头治理、超前防范，控制风险、隐患清零，有效防范和遏制各类安全事故。

(1)第三条新增“从源头上防范化解重大安全风险”、第四条新增“构建安全风险分级管控和隐患排查治理双重预防机制，健全风险防范化解机制”、第二十一条新增“组织建立并落实安全风险分级管控和隐患排查治理双重预防工作机制”、第四十一条新增“生产经营单位应当建立安全风险分级管控制度，按照安全风险分级采取相应的管控措施”。中共中央、国务院于2016年出台了《关于推进安全生产领域改革发展的意见》，同年国务院安委办印发了《关于实施遏制重特大事故工作指南构建双重预防机制的意见》等重要文件，对企业构建双重预防机制提出了明确要求。安全风险分级管控是国内外企业安全管理的先进经验和成功做法，建立安全风险分级管控机制，就是要求生产经营单位要定期组织开展风险辨识评估，严格落实分级管控措施，防止风险演变而引发事故。隐患排查治理是《安全生产法》已经确立的重要制度，本次修改补充增加了重大事故隐患排查治理情况要及时向有关部门报告的规定，目的是使生产经营单位在监管部门和本单位职工的双重监督之下，确保隐患排查治理到位。

（2）第一百零二条修改为：“生产经营单位未采取措施消除事故隐患的，责令立即消除或者限期消除，处五万元以下的罚款；生产经营单位拒不执行的，责令停产停业整顿，对其直接负责的主管人员和其他直接责任人员处五万元以上十万元以下的罚款；构成犯罪的，依照刑法有关规定追究刑事责任”。2021年新修正的《中华人民共和国刑法》第一百三十四条第二款“强令他人违章冒险作业，或者明知存在重大事故隐患而不排除，仍冒险组织作业，因而发生重大伤亡事故或者造成其他严重后果的，处五年以下有期徒刑或者拘役；情节特别恶劣的，处五年以上有期徒刑”。根据新的法律规定，事故隐患未采取措施及时消除的，即使未出安全事故，相关责任单位及责任人员也会被追责。因此，各轨道交通运营单位要分专业分级建立问题库，刚性治理“三违”，突出设备“短板”整治，重视“末端”管控，突出问题专项整治，促进重点难点、“久治不愈”问题的解决。对安全突出问题要挂牌督办，强化各单位主要负责人安全第一责任人的意识，督促整改销号，并且要加强问题整改情况和效果的追踪复查，进行“回马枪”式抽查，防止出现反复，整改不到位的，应追责。

(3)交通运输部根据《安全生产法》《中华人民共和国突发事件应对法》《中共中央国务院关于推进安全生产领域改革发展的意见》《国务院办公厅关于保障城市轨道交通安全运行的意见》《城市轨道交通运营管理规定》等有关规定，于 2019 年 11 月 1 日起发布实施《城市轨道交通运营安全风险分级管控和隐患排查治理管理办法》，对城市轨道交通风险分级管控和隐患排查治理工作进行了规范。

轨道交通运营单位运营安全风险按照业务板块分为设施监测养护、设备运行维修、行车组织、客运组织、运行环境等。轨道交通运营单位每年须对所辖线路开展一次风险全面辨识，持续发现未知安全风险，并及时更新风险数据库。城市轨道交通新线投入初期运营和正式运营时，运营单位应同步组织开展风险全面辨识。轨道交通运营单位初期运营期间，可视情增加辨识频次。

各轨道交通运营单位应对照风险数据库，逐项分析所列风险管控措施弱化、失效、缺失可能产生的隐患，确定隐患等级，并按照“一岗一册”的原则分解到各岗位，形成各岗位的隐患排查手册，明确排查内容、排查方法、排查周期等内容。

各轨道交通运营单位要按照“抓大风险、治大隐患、防大事故”的思路，科学研判重大安全风险，健全风险查找、研判、预警、防范、处置、责任等闭环机制，督促企业内部各单位落实导致列车脱轨、列车冲突、列车撞击、列车挤岔、火灾、桥隧结构坍塌、车站和轨行区淹水倒灌、大面积停电、客流踩踏等重大隐患的防治措施。轨道交通运营单位内部各部门、车间（室）要严格按照《风险管控和隐患排查治理管理办法》要求，进一步优化安全风险辨识方法，人防、物防、技防“三防”并举，综合施策，健全管理和作业全过程风险管控措施。定期组织风险管控效果评价，对安全风险控制措施无效或不佳、安全问题凸显，有可能导致安全事件，由归口单位及时进行安全风险预警。坚持安全隐患清零，严格按照“一岗一册”开展安全隐患全面排查，常态化追踪分析隐患整治状况，确保安全隐患闭环整治。

### 3. 轨道交通强制性国家标准密集出台

（1）新修改的《安全生产法》新增第十二条：“国务院有关部门按照职责分工负责安全生产强制性国家标准的项目提出、组织起草、征求意见、技术审查。国务院应急管理部门统筹提出安全生产强制性国家标准的立项计划。国务院标准化行政主管部门负责安全生产强制性国家标准的立项、编号、对外通报和授权批准发布工作。国务院标准化行政主管部门、有关部门依据法定职责对安全生产强制性国家标准的实施进行监督检查。”根据新要求，国家相关部门将会密集规范制定安全生产方面的国家标准。国务院应急管理部门统筹提出安全生产强制性国家标准的立项计划，国务院有关部门按照职责分工组织起草、审查、实施和监督执行，国务院标准化行政主管部门负责立项、编号、对外通报、批准并发布。生产经营单位必须执行依法制定的保障安全生产的国家标准或者行业标准，国家鼓励生产经营单位和社会团体制定并实施严于安全生产国家标准和行业标准的企业标准、团体标准。

(2)交通运输部自发布实施《城市轨道交通运营管理规定》以来，至今已先后陆续出台十多部法规，对安全生产、设施设备、新线开通、客运服务四大板块明确了标准，后续将会针对各方面陆续出台相应标准规范。各轨道交通运营单位须对照各项法规逐项对应转化，全面审视完善规章、制度、预案及规程，依法依规治理，提升企业安全治理体系和治理能力。

### 4. 设置专职安全生产分管负责人

新修改的《安全生产法》第二十五条新增"生产经营单位可以设置专职安全生产分管负责人，协助本单位主要负责人履行安全生产管理职责"，从法律上强调了专职安全生产分管负责人的重要性，并对其职责进行了明确。在新修改的《安全生产法》发布之前，山东省自 2020 年 2 月起，在全省建筑施工领域推行安全总监制度，安全总监为本单位副职级别，薪酬按照所在单位经理层副职的平均数设定并单独发放岗位风险津贴；主要钢铁冶炼生产单位的安全总监，连续两年及以上实现责任工亡事故为零，从第二年起至任期届满，给予 20 万元/年的嘉奖。目前，山东、湖北、深圳、江苏、浙江等地已推行安全总监制度，安全总监是生产经营单位安全生产工作的专职负责人，专门负责监督管理本单位的安全生产工作，具有一票否决权，安全总监对相关企业的重要性可见一斑。在新修改的《安全生产法》发布实施后，在大形势的推动下，其他省市、其他行业也将会陆续出台相关政策。在各地出台相关政策后，各轨道交通运营单位也将会设置安全总监，专职协助本单位主要负责人履行安全生产管理职责。

5. 更注重从业人员心理状况、行为习惯

新修改的《安全生产法》第四十四条新增第二款:"生产经营单位应当关注从业人员的生理、心理状况和行为习惯,加强对从业人员的心理疏导、精神慰藉,严格落实岗位安全生产责任制,防范从业人员行为异常导致事故发生。"交通运输部发布的《城市轨道交通初期运营前安全评估技术规范》中也规定:列车驾驶员、行车调度员、行车值班员、信号工、通信工等重点岗位人员应通过安全背景审查,列车驾驶员还应通过心理测试。因此,各轨道交通运营单位要求建立健全员工身心状况跟踪制度,切实落实员工身心状况缓解疏导常态化机制,各层级管理人员须严格落实盯控责任,第一时间消除员工身心不稳定因素。各轨道交通运营单位要加强"安全关键人员"管理,对存在"上班期间连续出现精神不振,且经过提醒没有实际改变""心理素质较差""因个人、家庭等问题导致员工情绪较大波动,影响工作情绪,存在施工、作业等安全隐患"等问题的关键人员须重点盯控,做好跟踪检查、作业盯控、培训教育、谈心谈话、定向帮扶等,防范人员异常行为可能导致的不良后果。

6. 对安全评价、认证、检测、检验要求更严

修改后的《安全生产法》第七十二条为:"承担安全评价、认证、检测、检验职责的机构应当具备国家规定的资质条件,并对其作出的安全评价、认证、检测、检验结果的合法性、真实性负责。资质条件由国务院应急管理部门会同国务院有关部门制定。承担安全评价、认证、检测、检验职责的机构应当建立并实施服务公开和报告公开制度,不得租借资质、挂靠、出具虚假报告。"应急管理部在三年行动中发现一些安全评价机构恶性

竞争,存在出具失实报告和虚假报告的行为。各轨道交通运营单位安全评价、认证、检测、检验项目较多,包括初期运营前安全评估、正式运营前和运营期间安全评估、职业病危害因素监测及评价、公共场所卫生检测、环境因素监测及评价、消防安全检测评估、特种设备检测、防雷安全装置检测等,必须严格对照法律法规,核查第三方机构是否具有相应的有效资质,并监督第三方机构有序开展评估企业安全体系,诊断和整改问题,形成真实有效报告,确保依法合规。

### 7. 强制实施安全生产责任保险制度

(1)修改后的《安全生产法》第五十一条第二款为:"国家鼓励生产经营单位投保安全生产责任保险;属于国家规定的高危行业、领域的生产经营单位,应当投保安全生产责任保险。具体范围和实施办法由国务院应急管理部门会同国务院财政部门、国务院保险监督管理机构和相关行业主管部门制定"。较之前的《安全生产法》,增加了高危行业领域生产经营单位必须投保的规定。从此安全生产责任保险成为法定保险,将进一步强化安责险的安全服务保障作用。

(2)根据《中共中央国务院关于推进安全生产领域改革发展的意见》,高危行业领域主要包括八大类行业:矿山、危险化学品、烟花爆竹、交通运输、建筑施工、民用爆炸物品、金属冶炼、渔业生产。安全生产责任保险的保障范围,不仅仅包括本企业的从业人员,还包括第三方的人员伤亡和财产损失,以及相关救援救护、事故鉴定、法律诉讼等费用。安全生产责任保险具有事故预防的功能,保险机构必须为投保单位提供事故预防的服务,帮助企业查找风险隐患,提高安全管理水平。各轨道交通运营单位属于交通运输行业,必须按照法律要求购买安全生产责任保险，借助保险机构、安全技术服务机构等专业的第三方力量，帮助企业有效开展安全管理工作，真正促进安全生产管理方式变革，形成安全生产多元共治新格局。

### 8. 进一步强化追责

（1）在发现问题处理方面：一是对措施未落实、落实不到位或者存在其他问题的，应当向相关地方政府和部门交办整改工作任务，督促整改；二是对重大问题悬而未决、重大风险隐患久拖不改、涉嫌失职渎职的，依法依规移交地方党委政府和纪检监察机关严肃追责问责；三是对有关公职人员处理意见不落实，追究刑事责任工作明显滞后的，向地方党委和相应纪检监察机关、人民法院、人民检察院通报情况，商请督促落实。

（2）在行政处罚及罚款方面：一是罚款金额更高，如对特别重大事故的罚款，最高可以达到1亿元的罚款；二是处罚方式更严，违法行为一经发现，即责令整改并处罚款，拒不整改的，责令停产停业整改整顿，并且可以按日连续计罚；三是惩戒力度更大，采取联合惩戒方式，最严重的要进行行业或者职业禁入等联合惩戒措施。通过"利剑高悬"，有效打击震慑违法企业，保障守法企业的合法权益。《安全生产法》大幅度提高了对违法行为的处罚力度，对违法行为将真正起到强大的震慑作用，让生产经营单位不敢违法、不能违法，从根本上消除隐患、解决问题。

## 二、城市轨道交通安全生产保障体系

城市轨道交通运营单位依照《安全生产法》等相关法律法规规定，落实安全生产组织领导机构和安全管理力量，做到设备设施安全保障、安全生产专项资金投入、安全生产规章制度、安全教育培训、事故报告和应急救援等企业安全生产主体责任落实到位;要根据风险类别和等级建立安全风险管控清单,严格实施安全风险公告、岗位安全风险确认和岗位安全风险提示卡制度;要积极推动车辆、信号、通信、自动售检票等关键设施设备产品定型,加强列车运行控制等关键系统信息安全保护;建立健全设施设备维修技术规范和检测评估、维修保养制度;建立关键设施设备全生命周期数据行业共享机制和设施设备运行质量公开追溯机制,加强全面质量安全管理;完善从业人员培训考核管理制度,建立运营关键岗位人员安全背景审查制度,规范和强化行车值班员、行车调度员等重点岗位职业水平评价,建立从业人员服务质量不良记录和退出机制。

### 1. 安全生产基础要求

城市轨道交通运营单位应当具备《安全生产法》及有关法律、行政法规和国家标准或者行业标准规定的安全生产条件。城市轨道交通工程项目验收合格后,由城市轨道交通运营主管部门组织初期运营前安全评估。通过初期运营前安全评估的,方可依法办理初期运营手续。城市轨道交通线路初期运营期满一年,运营单位应当向城市轨道交通运营主管部门报送初期运营报告,并由城市轨道交通运营主管部门组织正式运营前安全评估。通过安全评估的,方可依法办理正式运营手续。对安全评估中发现的问题,城市轨道交通运营主管部门应当报告城市人民政府,同时通告有关责任单位要求限期整改。

城市轨道交通运营单位的主要负责人对本单位安全生产工作负有下列职责:

(1)建立健全并落实本单位全员安全生产责任制,加强安全生产标准化建设;

(2)组织制定并实施本单位安全生产规章制度和操作规程;

(3)组织制定并实施本单位安全生产教育和培训计划;

(4)保证本单位安全生产投入的有效实施;

(5)组织建立并落实安全风险分级管控和隐患排查治理双重预防工作机制,督促、检查本单位的安全生产工作,及时消除生产安全事故隐患;

(6)组织制定并实施本单位的生产安全事故应急救援预案;

(7)及时、如实报告生产安全事故。

城市轨道交通运营单位分别承担轨道交通运营安全生产主体责任,应当建立安全生产责任制,设置安全生产管理机构,配备专职安全管理人员,保障安全运营所必需的资金投入。

城市轨道交通运营单位实行全员安全生产责任制,明确规定了各岗位的责任人员、责任范围和考核标准等内容。运营单位建立相应的机制,加强对全员安全生产责任制落实情况的监督考核,保证全员安全生产责任制的落实。城市轨道交通运营单位的全员安全生产责任包括企业决策层、管理层、执行层以及全体人员等安全生产责任,安全生产人人负责、层层落实。

安全生产工作实行管行业必须管安全、管业务必须管安全、管生产经营必须管安全。城市轨道交通运营单位有管生产的副总经理、有管财务的副总经理等,分管副总经理在抓生产或业务的同时必须兼顾安全、抓好安全,如果安全生产出问题或安全投入资金不到位,分管副总经理要承担相应责任。

运营单位应当具备安全生产条件所必需的资金投入,并对由于安全生产所必需的资金投入不足导致的后果承担责任。

安全生产费用应当按照规定提取和使用，专门用于改善安全生产条件。安全生产费用在成本中据实列支。

### 2. 安全生产管理机构及专职安全生产管理人员的相关规定

《安全生产法》规定矿山、金属冶炼、建筑施工、运输单位和危险物品的生产、经营、储存、装卸单位，应当设置安全生产管理机构或者配备专职安全生产管理人员。轨道交通企业从业人员一般是几千到几万人，城市轨道交通运营单位按规定设置安全生产管理机构、配备专职安全生产管理人员，建立从安全生产委员会（或安全生产领导小组）至基层班组的安全生产管理组织架构，安全生产责任制分解到岗位和人员。

城市轨道交通运营单位安全生产管理机构以及安全生产管理人员履行下列职责：

(1)组织或者参与拟订本单位安全生产规章制度、操作规程和生产安全事故应急救援预案；

(2)组织或者参与本单位安全生产教育和培训，如实记录安全生产教育和培训情况；

(3)组织开展危险源辨识和评估，督促落实本单位重大危险源的安全管理措施；

(4)组织或者参与本单位应急救援演练；

(5)检查本单位的安全生产状况，及时排查生产安全事故隐患，提出改进安全生产管理的建议；

(6)制止和纠正违章指挥、强令冒险作业、违反操作规程的行为；

(7)督促落实本单位安全生产整改措施。

城市轨道交通运营单位设置安全生产分管负责人，协助本单位主要负责人履行安全生产管理职责。

运营单位安全生产管理机构以及安全生产管理人员应当恪尽职守，依法履行职责。运营单位作出涉及安全生产的经营决策，应当听取安全生产管理机构以及安全生产管理人员的意见。运营单位不得因安全生产管理人员依法履行职责而降低其工资、福利等待遇或者解除与其订立的劳动合同。运营单位的主要负责人和安全生产管理人员必须具备与本单位所从事的生产经营活动相应的安全生产知识和管理能力。

### 3. 对从业人员的相关规定

城市轨道交通运营单位应当对从业人员进行安全生产教育和培训，保证从业人员具备必要的安全生产知识，熟悉有关的安全生产规章制度和安全操作规程，掌握本岗位的安全操作技能，了解事故应急处理措施，知悉自身在安全生产方面的权利和义务。未经安全生产教育和培训合格的从业人员，不得上岗作业。

城市轨道交通建设和运营过程中使用被派遣劳动者的，应当将被派遣劳动者纳入本单位从业人员统一管理，对被派遣劳动者进行岗位安全操作规程和安全操作技能的教育和培训。劳务派遣单位应当对被派遣劳动者进行必要的安全生产教育和培训。单位接收中等职业学校、高等学校学生实习的，应当对实习学生进行相应的安全生产教育和培训，提供必要的劳动防护用品。学校应当协助生产经营单位对实习学生进行安全生产教育和培训。

城市轨道交通运营单位应当建立公司、部门/车间、班组三级安全生产教育和培训档案，如实记录安全生产教育和培训的时间、内容、参加人员以及考核结果等情况。

城市轨道交通建设和运营阶段采用新工艺、新技术、新材料或者使用新设备，必须了解、掌握其安全技术特性，采取有效的安全防护措施，并对维保和使用人员进行专门的安全生产教育和培训。

城市轨道交通自动扶梯、电梯、起重设备等特种设备，以及消防、人防设施设备的运行维护工作按照有关规定执行。如单位有特种作业人员，必须按照国家有关规定经专门的安全作业培训，取得相应资格，方可上岗作业。特种作业人员的范围由国务院应急管理部门会同国务院有关部门确定。

### 4. 对新建、改建、扩建工程项目的相关规定

城市轨道交通新建、改建、扩建工程项目（以下统称建设项目）的安全设施，必须与主体工程同时设计、同时施工、同时投入生产和使用。安全设施投资应当纳入建设项目概算。

城市轨道交通规划涉及公共安全方面的设施设备和场地、用房等，要与城市轨道交通工程同步规划、同步设计、同步施工、同步验收、同步投入使用，并加强运行维护管理。城市轨道交通建设单位应在工程可行性研究和初步设计文件中设置运营服务专篇和公共安全专篇，并在申报审批时以书面形式听取市交通运输局、市公安局等部门意见。

开通初期运营的城市轨道交通线路有甩项工程的，甩项工程完工并验收合格后，应当通过城市轨道交通运营主管部门组织的安全评估，方可投入使用。受客观条件限制难以完成甩项工程的，运营单位应当督促建设单位与设计单位履行设计变更手续。全部甩项工程投入使用或者履行设计变更手续后，城市轨道交通工程项目方可依法办理正式运营手续。

建设项目安全设施的设计人、设计单位应当对安全设施设

计负责。

城市轨道交通应当在有较大危险因素的生产经营场所和有关设施、设备上，设置明显的安全警示标志。城市轨道交通建设单位应在具备条件的保护区设置提示或者警示标志；应当在城市轨道交通车站、车辆、地面和高架线路等区域的醒目位置设置安全警示标志，按照规定在车站、车辆配备灭火器、报警装置和必要的救生器材，并确保能够正常使用。对列车门紧急解锁装置、站台紧急停车按钮、站台门应急解锁装置以及电扶梯紧急停梯按钮等紧急操作设备，运营单位应通过粘贴警示标签、视频监控、安排巡查等方式加强防护。

### 5. 对安全设备、安全工艺、危化品的相关规定

安全设备的设计、制造、安装、使用、检测、维修、改造和报废，应当符合国家标准或者行业标准。城市轨道交通运营单位必须对安全设备进行经常性维护、保养，并定期检测，保证正常运转。维护、保养、检测应当作好记录，并由有关人员签字。城市轨道交通运营单位不得关闭、破坏直接关系生产安全的监控、报警、防护、救生设备、设施，或者篡改、隐瞒、销毁其相关数据、信息。

城市轨道交通生产及办公场所使用燃气的，应当安装可燃气体报警装置，并保障其正常使用。

城市轨道交通自动扶梯、电梯、起重设备等特种设备，以及消防、人防设施设备的运行维护工作按照有关规定执行，按照国家有关规定，由专业生产单位生产，并经具有专业资质的检测、检验机构检测、检验合格，取得安全使用证或者安全标志，方可投入使用。检测、检验机构对检测、检验结果负责。

国家对严重危及生产安全的工艺、设备实行淘汰制度，具

体目录由国务院应急管理部门会同国务院有关部门制定并公布。法律、行政法规对目录的制定另有规定的，适用其规定。省、自治区、直辖市人民政府可以根据本地区实际情况制定并公布具体目录，对前款规定以外的危及生产安全的工艺、设备予以淘汰。

生产经营单位不得使用应当淘汰的危及生产安全的工艺、设备。

生产、经营、运输、储存、使用危险物品或者处置废弃危险物品的，由有关主管部门依照有关法律、法规的规定和国家标准或者行业标准审批并实施监督管理。

生产经营单位生产、经营、运输、储存、使用危险物品或者处置废弃危险物品，必须执行有关法律、法规和国家标准或者行业标准，建立专门的安全管理制度，采取可靠的安全措施，接受有关主管部门依法实施的监督管理。

### 6. 风险分级管控和隐患排查治理

对重大危险源应当登记建档，进行定期检测、评估、监控，并制定应急预案，告知从业人员和相关人员在紧急情况下应当采取的应急措施。按照国家有关规定将本单位重大危险源及有关安全措施、应急措施报有关地方人民政府应急管理部门和有关部门备案。有关地方人民政府应急管理部门和有关部门应当通过相关信息系统实现信息共享。生产经营单位应当建立安全风险分级管控制度，按照安全风险分级采取相应的管控措施。

根据城市轨道交通技术特点和相关行业经验，将运营安全风险分为设施监测养护、设备运行维修、行车组织、客运组织、运行环境五大类。要求运营单位结合实际对风险点及可能产生的风险作补充及细化，其中设施监测养护和设备运行维修类风险应细化到各设施设备维修工作单元和岗位，行车组织、客运组织、运行环境类风险应细化到岗位或人员的关键操作步骤。同时，应明确风险等级划分、风险辨识、风险分级管控工作机制、重大风险监控等要求。运营单位每年应当对所辖线路开展一次风险全面辨识，遇到运营环境发生较大变化、车辆和信号等关键系统更新等情形时，应当开展专项辨识。对于重大风险，运营单位负责人应牵头组织制定管控措施。

生产经营单位应当建立健全并落实生产安全事故隐患排查治理制度，采取技术、管理措施，及时发现并消除事故隐患。事故隐患排查治理情况应当如实记录，并通过职工大会或者职工代表大会、信息公示栏等方式向从业人员通报。其中，重大事故隐患排查治理情况应当及时向负有安全生产监督管理职责的部门和职工大会或者职工代表大会报告。

隐患排查、评估、整改、消除的闭环管理工作机制。运营单位应当对照风险数据库，逐项分析所列风险管控措施弱化、失效、缺失可能产生的隐患，按照“一岗一册”的要求分解到各岗位；明确隐患等级划分、隐患排查方式与频次、一般隐患和重大隐患的治理等内容，并对需要开展专项检查的场景、紧急情况下安全控制措施等提出要求。对于排查出的重大隐患，运营单位应立即上报城市轨道交通运营主管部门，由城市轨道交通运营主管部门挂牌督办。

县级以上地方各级人民政府负有安全生产监督管理职责的部门应当将重大事故隐患纳入相关信息系统，建立健全重大事故隐患治理督办制度，督促生产经营单位消除重大事故隐患。

将风险分级管控和隐患排查治理工作纳入城市轨道交通运营主管部门年度监督检查计划，从制度建设情况、风险数据库与隐患排查手册情况等方面明确了重点检查内容，提出风险管控措施跟踪与更新、信息共享、年度工作情况分析总结与报送等要求，保障风险分级管控和隐患排查治理工作得到有效落实。

### 7. 安全生产管理的其他要求

城市轨道交通运营单位涉及生产、经营、储存、使用危险物品的车间、仓库不得与员工宿舍在同一座建筑物内，并应当与员工宿舍保持安全距离。生产经营场所和员工宿舍设有符合紧急疏散要求、标志明显、保持畅通的出口、疏散通道。禁止占用、锁闭、封堵生产经营场所或者员工宿舍的出口、疏散通道。

城市轨道交通运营单位爆破、吊装、动火、临时用电以及国务院应急管理部门会同国务院有关部门规定的其他危险作业，应当安排专门人员进行现场安全管理，确保操作规程的遵守和安全措施的落实。

城市轨道交通运营单位应当教育和督促从业人员严格执行本单位的安全生产规章制度和安全操作规程；并向从业人员如实告知作业场所和工作岗位存在的危险因素、防范措施以及事故应急措施。

城市轨道交通运营单位应当关注从业人员的身体、心理状况和行为习惯，加强对从业人员的心理疏导、精神慰藉，严格落实岗位安全生产责任，防范从业人员行为异常导致事故发生。

城市轨道交通运营单位必须为从业人员提供符合国家标准或者行业标准的劳动防护用品，并监督、教育从业人员按照使用规则佩戴、使用。

城市轨道交通运营单位的安全生产管理人员应当根据本单位的生产经营特点，对安全生产状况进行经常性检查；对检查中发现的安全问题，应当立即处理；不能处理的，应当及时报告本单位有关负责人，有关负责人应当及时处理。检查及处理情况应当如实记录在案。安全生产管理人员在检查中发现重大事故隐患，依照规定向本单位有关负责人报告，有关负责人不及时处理的，安全生产管理人员可以向主管的负有安全生产监督管理职责的部门报告，接到报告的部门应当依法及时处理。

城市轨道交通运营单位应当安排用于配备劳动防护用品、进行安全生产培训的经费。

两个以上单位在同一作业区域内进行生产经营活动，可能危及对方生产安全的，应当签订安全生产管理协议，明确各自的安全生产管理职责和应当采取的安全措施，并指定专职安全生产管理人员进行安全检查与协调。

城市轨道交通运营单位不得将生产经营项目、场所、设备发包或者出租给不具备安全生产条件或者相应资质的单位或者个人。

生产经营项目、场所发包或者出租给其他单位的，生产经营单位应当与承包单位、承租单位签订专门的安全生产管理协议，或者在承包合同、租赁合同中约定各自的安全生产管理职责；生产经营单位对承包单位、承租单位的安全生产工作统一协调、管理，定期进行安全检查，发现安全问题的，应当及时督促整改。

发生生产安全事故时，城市轨道交通运营单位的主要负责人应当立即组织抢救，并不得在事故调查处理期间擅离职守。

城市轨道交通运营单位必须依法参加工伤保险，为从业人员缴纳保险费。国家鼓励生产经营单位投保安全生产责任保险；属于国家规定的高危行业、领域的生产经营单位，应当投保安全生产责任保险。具体范围和实施办法由国务院应急管理部门会同国务院财政部门、国务院保险监督管理机构和相关行业主管部门制定。

## 三、城市轨道交通从业人员安全生产的权利与义务

城市轨道交通从业人员是指从事城市轨道乘客运送各项工作的人员，包括轨道交通运营单位主要负责人、管理人员、技术人员、各岗位工作人员及临时聘用人员、被派遣劳动者。

新修改的《安全生产法》确立了“以人为本，人民至上、生命至上，把保护人民生命安全摆在首位”的基本理念，这是本次修改的最大亮点，是安全生产工作的根本，也是立法、修法之根本。安全生产的核心与关键是从业人员，因此《安全生产法》总则第六条对从业人员依法获得安全生产保障的权利及依法履行安全生产方面的义务进行了明确规定，并在第三章第五十二条至第六十一条对从业人员各项基本权利和义务逐一明确规定。特别是新修改的《安全生产法》第五十六条新增“生产经营单位发生生产安全事故后，应当及时采取措施救治有关人员”、第五十七条新增“从业人员在作业过程中，应当严格落实岗位安全责任”，对从业人员的安全生产权利义务责任作了更为清晰明确的规定。这其中每一个环节按照《安全生产法》而行，整个安全生产也就有了保障。

### 1. 城市轨道交通从业人员在安全生产方面的基本权利

(1)安全健康保障权。

《安全生产法》规定，生产经营单位与从业人员签订的劳

动合同，应当载明两个法定事项：一是保障从业人员劳动安全，防止职业危害。这是国家为了保护劳动者的合法权益，以法律的形式要求生产经营单位必须履行的义务，是从业人员享有的重要权利，不管用人单位愿不愿意都必须遵照执行。二是从业人员有依法获得工伤保险的权利，生产经营单位必须为从业人员缴纳保险费。为了使劳动者在遭受工伤时，能够切实获得医疗保障、生活保障和经济补偿，享受职业病治疗的权利，《安全生产法》将用人单位参加工伤社会保险作为一条强制性规定写进了法律之中，目的是依靠社会分担每个劳动力都面临和承受的社会化大生产带来的工伤风险。

工伤社会保险是指劳动者在劳动过程中发生意外事故，负伤致残，造成本人及家庭工资收入中断或减少或增加了开支，而从国家和社会获得经济补偿的一种社会保险制度。工伤社会保险大致可分为两种类型：一种是雇主责任保险，另一种是劳工补偿保险。各轨道交通运营单位实行的是劳工补偿保险，要求各轨道交通运营单位必须向保险机构交纳工伤保险费，在发生工伤事故时，由保险机构给付伤残抚恤金或工伤补助金。

各轨道交通运营单位缴纳的工伤保险费按照国家规定的渠道列支。轨道交通运营单位工伤风险分类和差别费率标准，由当地劳动行政部门根据伤亡事故和职业病的统计及统筹费用进行测算。工伤扣除行业差别费率每 5 年调整一次。劳动行政部门对企业上一年度安全卫生状况和工伤保险费用支出情况进行评估，适当调整企业下一年度工伤保险费率，实行浮动费率，该浮动费率的调整幅度为本行业标准费率的 5% ~ 40% 。

《安全生产法》还禁止生产经营单位以任何形式与从业人

员签立免除或者减轻其对从业人员因生产安全事故伤亡依法应承担责任的“生死合同”，这种合同属于《中华人民共和国劳动法》规定的违反法律、行政法规的无效劳动合同。这种无效合同，从订立的时候起就没有法律约束力，并不能免除或者减轻生产安全事故的责任。对与从业人员签订“生死合同”的，该合同非法、无效，依照《安全生产法》第一百零六条追究法律责任，生产经营单位的主要负责人、个人经营的投资人将受到二万元以上十万元以下的罚款处罚。

轨道交通运营单位必须为从业人员提供符合国家标准或者行业标准的劳动防护用品，并监督、教育从业人员按照使用规则佩戴、使用。

(2)知情权和建议权。

①知情权。《安全生产法》第五十三条规定：“生产经营单位的从业人员有权了解其作业场所和工作岗位存在的危险因素、防范措施以及事故应急措施”；《中华人民共和国职业病防治法》第二十三条规定：“用人单位与劳动者订立劳动合同(含聘用合同，下同)时，应当将工作过程中可能产生的职业病危害及其后果、职业病防护措施和待遇等如实告知劳动者，并在劳动合同中写明，不得隐瞒或者欺骗。劳动者在已订立劳动合同期间因工作岗位或者工作内容变更，从事与所订立劳动合同中未告知的存在职业病危害的作业时，用人单位应当依照前款规定，向劳动者履行如实告知的义务，并协商变更原劳动合同相关条款”；《中华人民共和国职业病防治法》第三十五条规定：“对从事接触职业病危害的作业的劳动者，用人单位应当按照国务院卫生行政部门的规定组织上岗前、在岗期间和离岗时的职业健康检查，并将检查结果如实告知劳动者。职业健康检查

费用由用人单位承担”,以上规定赋予了从业人员知情权。

知情权与生命健康权有着密切的必然联系,对于可能造成本人人身伤害的职业危害及其防范措施、事故应急措施的知情权的实现,是保护从业人员自身生命健康权的前提。各轨道交通运营单位有义务将城市轨道交通员工作业场所和工作岗位存在的可能导致生产安全事故的危险因素如实、全面地告诉企业员工,这是轨道交通运营单位应当向从业人员履行告知的义务,即从业人员有权了解其作业场所和工作岗位在安全生产方面的情况:一是存在的危险因素;二是防范措施;三是事故应急措施。知情权保障城市轨道交通员工知晓并掌握有关安全知识和处理办法,从而可以消除许多不安全因素和事故隐患,避免事故发生或者减少人员伤亡。

②建议权。《安全生产法》第五十三条规定生产经营单位的从业人员有权对本单位的安全生产工作提出建议。建议权保障从业人员作为安全生产的基本要素发挥积极的作用,做到安全生产,人人有责。

工会和职工代表大会是代表和维护劳动者权益的主要组织,是劳动者实现劳动权利的主要途径之一。各轨道交通运营单位均成立了工会和职工代表大会,并设置劳动安全委员会,由其代表职工和组织职工参与企业的决策和管理,对安全生产工作提出意见和建议。按照《中华人民共和国企业法》规定,职工代表大会代表劳动者听取和审议企业的经营方针、年度计划、基本建设方案、重大技术发行方案、职工培训计划、留用资金分配和使用方案的报告,提出意见和建议;审查同意或否决企业的工资调整方案、奖金分配方案、劳动保护措施、奖惩办法以及其他重要的规章制度。

城市轨道交通员工尤其是工作在第一线的作业人员，对于如何保证安全生产、改善劳动条件及作业环境，具有优先发言权。通过鼓舞城市轨道交通员工参与企业生产经营、安全生产的民主管理，充分调动员工积极性和主动性，充分发挥员工磅礴智慧，为企业安全稳定发展出谋划策、群策群力，以共同做好城市轨道交通的安全运输生产工作。轨道交通运营单位各单位要建立健全监督管理制度，使从业人员能够大胆、放心地提出建议，没有后顾之忧，并积极广泛征集一线员工的意见和建议，其所在单位要对他们意见和建议给予重视和尊重，积极采纳合理的意见并可给予一定的物质和精神奖励，对不采纳的意见应当给予说明和解释。

(3)监督权。

从业人员依法享有批评权、检举权和控告权等基本权利。这是指从业人员有依法对本单位安全生产工作中存在的问题提出批评的权利，也有对其所在单位及有关人员违反安全生产法律、法规的行为向主管部门和司法机关进行检举和控告的权利。检举可以署名，也可以不署名；可以用书面形式，也可以用口头形式。但是，从业人员在行使这一权利时，应注意检举和控告的情况必须真实，要实事求是。法律规定从业人员的检举权、控告权，有利于及时对违法行为作出处理，保障生产安全，防止生产安全事故。赋予从业人员的这些权利，也有利于有关部门及时了解、掌握生产经营单位安全生产工作中存在的问题，采取措施，制止和查处生产经营单位违反安全生产法律、法规的行为，保障安全生产，防止生产安全事故的发生。

从业人员享有的拒绝违章指挥、强令冒险作业权的权利。违章指挥是指生产经营单位不顾从业人员的生命安全和健康，指挥从业人员进行生产活动的行为。强令冒险作业是指生产经营单位管理人员对于存在危及作业人员人身安全的危险因素而又没有相应的安全保护措施的作业,强迫命令、要挟从业人员进行作业。从业人员有权拒绝违章指挥和强令冒险作业。有关保障安全生产的各项规章制度是实践经验的总结,是无数教训换来的,企业和作业人员对有关安全生产的规章制度必须严格执行。生产经营主管人员、生产管理人员和工程技术人员不得违章指挥,各岗位的作业人员不得违章作业。违章指挥和冒险作业是生产安全事故发生的重要原因,是对从业人员的极大威胁。城市轨道交通员工发现这种情况,有权加以拒绝,以维护自己的合法利益。

《安全生产法》规定,禁止生产经营单位因从业人员行使批评权等以上 5 项权利,而降低其工资、福利等待遇或者解除与其订立的劳动合同。同时,根据《中华人民共和国劳动合同法》的规定,劳动者拒绝用人单位管理人员违章指挥、强令冒险作业的,不视为违反劳动合同。用人单位违章指挥、强令冒险作业危及劳动者人身安全的,劳动者可以立即解除劳动合同,不需要事先告知用人单位。这是从另一个方面赋予从业人员的权利。实践中,一些生产经营单位把对本单位安全生产工作提出批评、检举、控告或者拒绝违章指挥、强令冒险作业的从业人员视为“刺头”,对其打击报复,致使从业人员不敢或者不能充分行使上述权利。因此,在赋予从业人员权利的同时,《安全生产法》还规定了生产经营单位不得对从业人员行使上述权利进行打击报复。因此有必要对生产经营单位的权力进行限制,对于违反本禁止性规定的生产经营单位,应当追究单位和有关人员的法律责任。

(4)紧急情况处置权。

《安全生产法》规定，从业人员发现直接危及人身安全的紧急情况时，有权停止作业或者在采取可能的应急措施后撤离作业场所。该权利简称紧急撤离权。行使权利的选择权在从业人员，不要求从业人员应当在采取可能的应急措施后或者在征得有关负责人同意后撤离作业场所。从业人员行使这种权利的前提条件是其发现直接危及人身安全的紧急情况，如果不撤离会对其生命安全和健康造成直接的威胁。但是对于有特定职务的城市轨道交通工作人员，应把乘客安全放在第一位，而不应实施紧急避险，比如电客车司机，在列车运行过程中遇到火灾、脱轨、冲突、撞击等危险时，则不能放弃乘客，独自逃生，应尽量及时采取措施，把危险降至最低；比如地铁车站工作人员，在地铁车站发生火灾、恐怖袭击等突发事件时，应立即采取措施疏散乘客、抢救受伤乘客等，尽力减少乘客伤亡。

从业人员行使紧急处置权也将得到相应的保护。《安全生产法》规定，生产经营单位不得因从业人员在行使紧急撤离权或者采取紧急撤离措施而降低其工资、福利等待遇或者解除与其订立的劳动合同。企业若实施此类行为则归于无效，对降低的工资要给员工补发、对福利予以恢复，解除合同的行为无效，原劳动合同依然具有法律效力。

(5)社会保险和民事赔偿权。

为了确保从业人员在因生产安全事故遭受损害的情况下可以获得充分、合理的救济，新修改的《安全生产法》规定，从业人员依法享有工伤保险待遇和依法向用人单位主张民事损害赔偿的相关权利，从业人员在依法行使相关权利时，用人单位不得无故推诿、拒绝承担其依法应当承担的法律责任。用人单位参加工伤保险后,从业人员因工受伤即可享受工伤保险待遇;但工伤保险并不能完全覆盖用人单位的赔偿责任。根据民事法律责任中侵权的民事责任的规定,对从业人员损害的,生产经营单位应当承担赔偿责任。赔偿责任,是指行为人因其行为导致他人财产或人身受到损害时,行为人以自己的财产赔偿受害人损失的责任,其主要作用是补偿受害人的经济损失。赔偿的范围,原则上应赔偿受害人所受的全部实际损失。在生产安全事故中,从业人员因事故受到损害的,如当发生工伤是由于用人单位存在明显过错,尤其是违反有关安全生产法律法规导致工伤发生时,受到工伤伤害的从业人员或其亲属,还可以向所在单位主张包括残疾/死亡赔偿金、被扶养人生活费、精神损害抚恤金、后续治疗费等工伤保险待遇所不能完全覆盖的损失。因此,因生产安全事故受到损害的从业人员,除依法享有工伤保险外,根据民事法律规定可以获得赔偿的,还有权向本单位提出赔偿要求。工伤保险和民事赔偿不能互相取代,从业人员可以享受双重的保障。

(6)接受安全生产教育和培训权。

从业人员有接受安全生产教育和培训的权利。生产经营单位应当按照本单位安全生产教育和培训计划的总体要求,结合各个工作岗位的特点,科学、合理安排从业人员的教育和培训工作,保证其具备从事本职工作应当具备的安全生产知识。轨道交通运营单位有大量的委外安保安检公司、保洁公司及各设备委外维保单位,各轨道交通运营单位应当将被派遣劳动者纳入本单位从业人员统一管理,对被派遣劳动者进行岗位安全操作规程和安全操作技能的教育和培训,并督促劳务派遣单位对被派遣劳动者进行必要的安全生产教育和培训。各轨道交通运营单位会定期接收中等职业学校、高等学校学生实习，应当对实习学生进行相应的安全生产教育和培训，提供必要的劳动防护用品，并要求学校协助企业对实习学生进行安全生产教育和培训。

各轨道交通运营单位可建立“每周一学、每月一练、每季一检、每年一评”机制，鼓励各单位制作微视频教学课件，积极推行多媒体视频教学；紧贴现场，常态化开展送教入班组，面对面、手把手指导；利用控制台、车辆、线路、道岔、接触网、票务等设备开展实物教学，逐步推广网络教学、互动教学、案例教学、场景模拟、微信平台教学，抓实日常培训和技能演练。

### 2. 从业人员的义务

（1）严格遵守国家有关安全生产的法律、法规和规章。

有关安全生产的法律、法规和规章，包括《中华人民共和国消防法》《中华人民共和国职业病防治法》《中华人民共和国特种设备安全法》《中华人民共和国环境保护法》等，是对安全生产的基本要求和保障，每一个城市轨道交通员工都有义务严格遵守。

（2）落实岗位安全责任，遵章守纪、服从管理。

《安全生产法》规定，从业人员在作业过程中，应当严格遵守本单位的安全生产规章制度和操作规程，服从管理。生产经营单位安全生产规章制度包括安全生产责任制、安全技术措施管理、安全生产教育、安全生产检查、伤亡事故报告等。安全操作规程是指在生产活动中为消除导致人身伤亡或造成设备、财产破坏以及危害环境而制定的具体技术要求和实施程序。

岗位安全生产责任制是企业的一项基本管理制度，主要指企业的各岗位人员对安全生产所负责的工作和应承担的责任的一种制度，适用于企业及所属各单位。所有从业人员应严格遵守国家安全生产法律法规，坚持安全第一、预防为主、综合治理的方针，树立以人为本的思想，落实安全生产责任制。岗位安全生产责任制需定期进行适宜性评审。

各级领导必须坚持管生产必须管安全的原则，由于安全生产规章制度和操作规程是根据本单位的实际制定的，针对性较强，对保障安全生产有特殊的意义。因此，从业人员除应严格遵守有关安全生产的法律、法规外，还应当遵守生产经营单位的安全生产规章制度和操作规程。这是从业人员在安全生产方面的一项法定义务。从业人员必须增强法纪观念，自觉遵章守纪，从维护国家利益、集体利益和自身利益出发，把遵章守纪、按章操作落实到具体的作业活动中，确保安全生产的实现。

轨道交通运营单位的安全生产管理人员一般具有较多的安全生产知识和较丰富的经验。从业人员服从管理，可以保持运输生产活动的良好秩序，有效地避免、减少生产安全事故的发生。因此，城市轨道交通员工应当服从管理。当然，城市轨道交通员工应当服从的只是正当、合理的管理，对于违章指挥、强令冒险作业，有权拒绝。

(3)正确佩戴和使用劳动防护用品。

劳动防护用品是指生产经营单位为从业人员配备的，使其在劳动过程中免遭或者减轻事故伤害及职业危害的个人防护装备。作业人员要珍惜、正确佩戴和认真用好劳动防护用品，未按规定佩戴和使用劳动防护用品的，不得上岗作业。从业人员在作业过程中，应当严格遵守本单位的安全生产规章制度和操作规程，服从管理，正确佩戴和使用劳动防护用品。

不同的劳动防护用品有其特定的佩戴和使用规则、方法，只有正确佩戴和使用，方能真正起到防护作用。生产经营单位应当为从业人员提供符合国家标准或者行业标准的劳动防护用品，但如果从业人员不正确佩戴和使用劳动防护用品，仍然不能真正发挥劳动防护用品的作用。因此，从业人员在作业过程中必须提高安全生产意识，按照规则和要求正确佩戴和使用劳动防护用品。

（4）参加安全生产教育和培训。

《安全生产法》规定，从业人员应当接受安全生产教育和培训，掌握本职工作所需的安全生产知识，提高安全生产技能，增强事故预防和应急处理能力。安全意识教育包括思想教育和法制、劳动纪律教育。安全科学技术教育主要是安全技能教育，是巩固劳动者安全知识的一种必要途径。安全知识教育包括安全技术知识和安全卫生知识。提高安全生产技能是指提高运用安全生产知识的能力。各岗位的安全生产技能不同，从业人员应当结合本岗位的特点加强学习和实践，勤于钻研，努力掌握和提高所需的安全生产技能。从业人员还应当增强事故预防和应急处理能力。增强事故预防和应急处理能力可以通过参加制定和演习应急救援预案来实现。

城市轨道交通员工接受安全教育培训的形式多种多样，如组织专门的安全教育培训班；班前班后交代安全注意事项，讲评安全生产情况；施工和检修前进行安全措施交底；各级负责人和安全员在作业现场工作时进行安全宣传教育、督促安全法规和制度的贯彻执行；组织安全技术知识讲座、竞赛；召开事故分析会、现场会，分析造成事故原因、责任、教训，制定事故防范措施；通过由安全技术部门召开的安全例会、专题会、表彰会、座谈会或者采用安全信息、简报、通报等形式，总结、评比安全生产工作，达到安全教育的目的。城市轨道交通员工要积极参加上述形式的安全教育培训。

城市轨道交通员工必须接受相应的安全生产教育和培训，交通运输部发布的《城市轨道交通初期运营前安全评估技术规范》中规定：运营单位主要负责人和安全生产管理人员应按规定接受安全培训，初次安全培训时间不少于 32 学时；列车驾驶员接受不少于 300 学时的理论知识培训和不少于 2 个月的岗位技能培训，在经验丰富的列车驾驶员指导和监督下驾驶，驾驶里程不少于 5000 公里，其中在本线上的里程不少于 1000 公里；行车调度员、电力调度员和环控调度员接受不少于 300 学时的理论知识培训和不少于 3 个月的岗位技能培训，在经验丰富的调度员指导和监督下进行操作，时间不少于 1 个月；行车值班员接受不少于 150 学时的理论知识培训和不少于 1 个月的岗位技能培训，在经验丰富的行车值班员指导和监督下进行操作，时间不少于 1 个月；设备维修人员经系统岗位培训，通过理论知识考试和岗位技能考试；控制中心值班主任经系统岗位培训，具有 2 年以上行车调度岗位工作经历，并掌握电力调度、环控调度的工作内容和安全作业要求，等等。

（5）报告不安全因素、重大隐患和生产安全事故。

《安全生产法》规定，生产经营单位的主要负责人具有督促、检查本单位的安全生产工作，及时消除生产安全事故隐患的职责。同时规定，生产经营单位的安全生产管理人员对检查中发现的安全问题，应当及时处理，不能处理的，应当及时报告本单位有关负责人，有关负责人应当及时处理。检查及处理情况应当如实记录在案。

轨道交通运营单位从业人员处于安全生产第一线，最有可能及时发现事故隐患或者其他不安全因素,其应当履行不安全因素报告义务。一是在发现事故隐患或者其他不安全因素后,应当立即报告;二是接受报告的主体是现场安全生产管理人员或者本单位的负责人,接到报告的人员必须及时进行处理。及时处理现场事故隐患是保证安全生产的重要组成部分,现场有隐患不及时处理,小隐患就会变成大隐患,就会诱发事故的发生,每一起事故的发生和现场存在的事故隐患都有直接关系。因此相关人员在接到事故隐患报告后,应当立即组织人员进行处理,消除隐患。交通运输部《城市轨道交通运营险性事件信息报告与分析管理办法》中要求:隐患排查过程中,发现情况较为紧急的,运营单位应立即采取划定隔离区域、员工现场盯控等防范措施,并及时告知相关人员,防范事态扩大;情况特别紧急的,应视情采取人员疏散、停止作业或停用有关设施设备、封锁线路或关闭车站等安全控制措施,确保运营安全。

重大隐患越级报告。生产经营单位的安全生产管理人员在检查中发现重大事故隐患,应当立即向本单位主要负责人或主管安全生产工作的其他负责人报告,主要负责人或主管安全生产负责人接到报告后不立即处理的,安全生产管理人员可以越级直接向县级以上人民政府安全生产监管部门和负有安全生产监管职责的有关部门报告。交通运输部《城市轨道交通运营险性事件信息报告与分析管理办法》中要求:对于排查出的重大隐患,运营单位应立即上报城市轨道交通运营主管部门,由城市轨道交通运营主管部门挂牌督办,督促有关责任单位制定并实施严格的隐患治理方案,做到责任、措施、资金、时限和预案等落实到位。隐患治理方案应自排查出重大隐患之日起15个工作日内报送城市轨道交通运营主管部门。重大隐患未整改完毕前应制定可靠的安全控制和防范措施，整改完成后，由运营单位负责人组织验收销号，形成明确验收结论，并于3个工作日内报送城市轨道交通运营主管部门。对于治理难度大、影响范围广、危险程度高、涉及部门多、难以协调整治的重大隐患，城市轨道交通运营主管部门应及时报告城市人民政府协调解决。

及时报告生产安全事故。发生生产安全事故后，事故现场有关人员应当立即向本单位负责人报告，单位负责人接到报告后，应当于1小时内向事故发生地县级以上人民政府安全生产监管部门和负有安全生产监管职责的有关部门报告。情况紧急时，事故现场有关人员可以直接向事故发生地县级以上人民政府安全生产监管部门和负有安全生产监管职责的其他有关部门报告。交通运输部《城市轨道交通运营险性事件信息报告与分析管理办法》中要求：各轨道交通运营单位发生运营险性事件的，应在1小时内向所在城市轨道交通运营主管部门报告。城市轨道交通运营主管部门应将信息逐级上报至交通运输部，每级上报时限不超过2小时，重大情况可越级上报。其中构成特别重大和重大运营安全事故的，按照国务院规定报告。

## 四、城市轨道交通事故救援与处理

城市轨道交通运营过程中存在发生因列车撞击、脱轨，设施设备故障、损毁，以及大客流等情况，造成人员伤亡、行车中断、财产损失的突发事件，各有关部门及城市轨道交通运营单位应建立健全城市轨道交通运营突发事件（以下简称运营突发事件）处置工作机制，科学有序高效应对运营突发事件，最大程度减少人员伤亡和财产损失，维护社会正常秩序。

《安全生产法》对事故的应急救援与调查处理进行了全面的规范，具体对于轨道交通行业来说，它是国家城市轨道交通运营突发事件应急预案、各运营单位综合应急预案、专项应急预案、现场处置方案以及生产安全事故(事件)调查处理规则的上位文件和重要法律依据。

城市轨道交通事故救援与处理坚持统一领导、属地负责，条块结合、协调联动，快速反应、科学处置的原则。城市轨道交通事故发生后，城市轨道交通所在地城市及以上地方各级人民政府和有关部门、城市轨道交通运营单位(以下简称运营单位)应立即按照职责分工和相关预案开展处置工作。按照事件严重性和受影响程度，城市轨道交通事故分为特别重大、重大、较大和一般四级。

## 1. 城市轨道交通事故分级标准

(1)特别重大运营突发事件：造成30人以上死亡，或者100人以上重伤，或者直接经济损失1亿元以上的。

(2)重大运营突发事件：造成10人以上30人以下死亡，或者50人以上100人以下重伤，或者直接经济损失5000万元以上1亿元以下，或者连续中断行车24小时以上的。

(3)较大运营突发事件：造成3人以上10人以下死亡，或者10人以上50人以下重伤，或者直接经济损失1000万元以上5000万元以下，或者连续中断行车6小时以上24小时以下的。

(4)一般运营突发事件：造成3人以下死亡，或者10人以下重伤，或者直接经济损失50万元以上1000万元以下，或者连续中断行车2小时以上6小时以下的。

上述分级标准有关数量的表述中,“以上”含本数,“以下”不含本数。

## 2. 事故应急救援组织机构

《安全生产法》规定危险物品的生产、经营、储存单位以及矿山、金属冶炼、城市轨道交通运营、建筑施工单位应当建立应急救援组织。

(1)国家层面组织指挥机构:交通运输部负责运营突发事件应对工作的指导协调和监督管理。根据运营突发事件的发展态势和影响,交通运输部或事发地省级人民政府可报请国务院批准,或根据国务院领导同志指示,成立国务院工作组,负责指导、协调、支持有关地方人民政府开展运营突发事件应对工作。必要时,由国务院或国务院授权交通运输部成立国家城市轨道交通应急指挥部,统一领导、组织和指挥运营突发事件应急处置工作。

(2)地方层面组织指挥机构:城市轨道交通所在地城市及以上地方各级人民政府负责本行政区域内运营突发事件应对工作,要明确相应组织指挥机构。地方有关部门按照职责分工,密切配合,共同做好运营突发事件的应对工作。对跨城市运营的城市轨道交通线路,有关城市人民政府应建立跨区域运营突发事件应急合作机制。

(3)现场指挥机构:负责运营突发事件处置的人民政府根据需要成立现场指挥部,负责现场组织指挥工作。参与现场处置的有关单位和人员应服从现场指挥部的统一指挥。

(4)城市轨道交通运营单位:是运营突发事件应对工作的责任主体,要建立健全应急指挥机制,针对可能发生的运营突发事件完善应急预案体系,建立与相关单位的信息共享和应急联动机制。

(5)专家组：各级组织指挥机构及运营单位根据需要设立运营突发事件处置专家组，由线路、轨道、结构工程、车辆、供电、通信、信号、环境与设备监控、运输组织等方面的专家组成，对运营突发事件处置工作提供技术支持。

城市轨道交通所在地城市及以上地方人民政府和有关部门、运营单位要配备满足需要的应急设施设备和应急物资，根据需要建立专职或志愿消防队、微型消防站，提高自防自救能力。建立健全专业应急救援队伍，加强应急培训，提高应急救援能力。建设国家级城市轨道交通应急演练中心，开展培训和实战场景演练。鼓励和支持企业、科研院所及社会有关方面加强专业救援装备研究开发。

运营单位建立健全运营突发事件专业应急救援队伍，储备必要的应急物资，配备专业应急救援装备，加强人员设备维护和应急抢修能力培训，定期开展应急演练，提高应急救援能力。公安消防、武警部队等要做好应急力量支援保障。根据需要动员和组织志愿者等社会力量参与运营突发事件防范和处置工作。

轨道交通运营单位应具备“站点—区域—基地”三级应急点结构：站点级以车站为应急响应点，能够简单处理一般运营突发事件；区域级应急中心能以较为专业的能力实现对较大运营突发事件的处置，覆盖至少 5 公里半径范围内的线网，实现救援人员 20 分钟到达现场；基地一般以车辆段或停车场为基础，具备对特别重大、重大运营突发事件的处置能力，实现救援人员 30 分钟到达现场。

城市轨道交通运营单位与城市公交企业、医疗机构、与管辖线路存在换乘站的铁路、基础、客运场站的运营单位、本市其他城市轨道交通运营单位建立信息沟通和协同联动机制。

### 3. 事故应急救援组织的基本任务与要求

（1）应急响应和现场处置

发生生产安全事故后，事故现场有关人员应当立即报告本单位负责人，单位负责人接到事故报告后，应当迅速采取有效措施，组织抢救，防止事故扩大，减少人员伤亡和财产损失；同时运营单位应当立按照国家有关规定立即如实报告当地负有安全生产监督管理职责的部门和当地城市轨道交通运营主管部门等相关部门，不得隐瞒不报、谎报或者迟报，不得故意破坏事故现场、毁灭有关证据；运营单位同时通告可能受到影响的单位和乘客。

根据运营突发事件的严重程度和发展态势，将应急响应设定为Ⅰ级、Ⅱ级、Ⅲ级、Ⅳ级四个等级。初判发生特别重大、重大运营突发事件时，分别启动Ⅰ级、Ⅱ级应急响应，由事发地省级人民政府负责应对工作；初判发生较大、一般运营突发事件时，分别启动Ⅲ级、Ⅳ级应急响应，由事发地城市人民政府负责应对工作。对跨城市运营的城市轨道交通线路，有关城市人民政府在建立跨区域运营突发事件应急合作机制时应明确各级应急响应的责任主体。

对需要国家层面协调处置的运营突发事件，由有关省级人民政府向国务院或由有关省级城市轨道交通运营主管部门向交通运输部提出请求。

运营突发事件发生在易造成重大影响的地区或重要时段时，可适当提高响应级别。应急响应启动后，可视事件造成损失情况及其发展趋势调整响应级别，避免响应不足或响应过度。

运营突发事件发生后，运营单位必须立即实施先期处置，全力控制事件发展态势。各有关地方、部门和单位根据工作需要，组织采取以下措施。

①人员搜救：调派专业力量和装备，在运营突发事件现场开展以抢救人员生命为主的应急救援工作。现场救援队伍之间要加强衔接和配合，做好自身安全防护。

②现场疏散：按照预先制订的紧急疏导疏散方案，有组织、有秩序地迅速引导现场人员撤离事发地点，疏散受影响城市轨道交通沿线站点乘客。

③乘客转运：根据疏散乘客数量和发生运营突发事件的城市轨道交通线路运行方向，及时调整城市公共交通路网客运组织，利用城市轨道交通其余正常运营线路，调配地面公共交通车辆运输，加大发车密度，做好乘客的转运工作。

④交通疏导：设置交通封控区，对事发地点周边交通秩序进行维护疏导，防止发生大范围交通瘫痪；开通绿色通道，为应急车辆提供通行保障。

⑤医学救援：迅速组织当地医疗资源和力量，对伤病员进行诊断治疗，根据需要及时、安全地将重症伤病员转运到有条件的医疗机构加强救治。视情况增派医疗卫生专家和卫生应急队伍、调配急需医药物资，支持事发地的医学救援工作。提出保护公众健康的措施建议，做好伤病员的心理援助。

⑥抢修抢险：组织相关专业技术力量，开展设施设备等抢修作业，及时排除故障；组织土建线路抢险队伍，开展土建设施、轨道线路等抢险作业；组织车辆抢险队伍，开展列车抢险作业；组织机电设备抢险队伍，开展供电、通信、信号等抢险作业。

⑦维护社会稳定：根据事件影响范围、程度，划定警戒区，做好事发现场及周边环境的保护和警戒，维护治安秩序；严厉打击借机传播谣言制造社会恐慌等违法犯罪行为；做好各类矛盾纠纷化解和法律服务工作，防止出现群体性事件，维护社会稳定。

⑧信息发布和舆论引导：通过政府授权发布、发新闻稿、接受记者采访、举行新闻发布会、组织专家解读等方式，借助电视、广播、报纸、互联网等多种途径，运用微博、微信、手机应用程序（App）客户端等新媒体平台，主动、及时、准确、客观向社会持续动态发布运营突发事件和应对工作信息，回应社会关切，澄清不实信息，正确引导社会舆论。信息发布内容包括事件时间、地点、原因、性质、伤亡情况、应对措施、救援进展、公众需要配合采取的措施、事件区域交通管制情况和临时交通措施等。

⑨运营恢复：在运营突发事件现场处理完毕、次生灾害后果基本消除后，及时组织评估；当确认具备运营条件后，运营单位应尽快恢复正常运营。

有关地方人民政府和负有安全生产监督管理职责的部门的负责人接到生产安全事故报告后，应当按照生产安全事故应急救援预案的要求立即赶到事故现场，组织事故抢救。

参与事故抢救的部门和单位应当服从统一指挥，加强协同联动，采取有效的应急救援措施，并根据事故救援的需要采取警戒、疏散等措施，防止事故扩大和次生灾害的发生，减少人员伤亡和财产损失。

事故抢救过程中应当采取必要措施，避免或者减少对环境造成的危害。

任何单位和个人都应当支持、配合事故抢救，并提供一切便利条件。

(2)事故调查与追责。

事故调查处理应当按照科学严谨、依法依规、实事求是、注重实效的原则，及时、准确地查清事故原因，查明事故性质和责任，评估应急处置工作，总结事故教训，提出整改措施，并对事故责任单位和人员提出处理建议。事故调查报告应当依法及时向社会公布。事故调查和处理的具体办法由国务院制定。

事故发生单位应当及时全面落实整改措施，负有安全生产监督管理职责的部门应当加强监督检查。

负责事故调查处理的国务院有关部门和地方人民政府应当在批复事故调查报告后一年内，组织有关部门对事故整改和防范措施落实情况进行评估，并及时向社会公开评估结果；对不履行职责导致事故整改和防范措施没有落实的有关单位和人员，应当按照有关规定追究责任。

发生生产安全事故，经调查确定为责任事故的，除了应当查明事故单位的责任并依法予以追究外，还应当查明对安全生产的有关事项负有审查批准和监督职责的行政部门的责任，对有失职、渎职行为的，依照《安全生产法》等法律法规的规定追究法律责任。

任何单位和个人不得阻挠和干涉对事故的依法调查处理。

县级以上地方各级人民政府应急管理部门应当定期统计分析本行政区域内发生生产安全事故的情况，并定期向社会公布。

# 第四章 安全生产法律责任

铁路职工及城市轨道交通从业人员应严格遵守《安全生产法》相关规定，对违反《安全生产法》规定所造成的后果视情节应追究相关单位的法律责任，对相关责任人构成犯罪的，按照《中华人民共和国刑法》规定承担法律责任。

## 一、安全生产法律责任追究

《安全生产法》规定："国家实行生产安全事故责任追究制度，依照本法和有关法律、法规的规定，追究生产安全事故责任单位和责任人员的法律责任。"并单独列了"法律责任"一章共27条，主要规定了负有安全生产监督管理职责的部门及工作人员，承担安全评价、认证、检验、检测的机构，生产经营单位的决策机构、主要负责人，个人经营的投资人，政府工作人员、其他国家机关工作人员以及生产经营单位及其安全生产管理人员、从业人员违反《安全生产法》所应承担的法律责任，包括民事责任、行政责任和刑事责任等。

民事责任是指民事主体违反民事法律规范所应当承担的法律责任。民事责任包括合同责任和侵权责任。合同责任是指合同当事人不履行合同义务或者履行合同义务不符合约定所应当承担的责任；侵权责任是指民事主体侵犯他人的人身权、财产权所应当承担的责任。民事责任的责任形式有财产责任和非财产责任，包括赔偿损失、支付违约金、支付精神损害赔偿金、停止侵害、排除妨碍、消除危险、返还财产、恢复原状以及恢复名誉、消除影响、赔礼道歉等。这些责任形式既可以单独适用，也可以合并适用。

行政责任包括行政处分和行政处罚。行政处分是行政机关内部，上级对有隶属关系的下级违反纪律的行为或者是尚未构成犯罪的轻微违法行为给予的纪律制裁。其种类有警告、记过、记大过、降级、降职、撤职、开除留用察看、开除。行政处罚的种类有警告、罚款、行政拘留、没收违法所得、没收非法财物、责令停产停业、暂扣或者吊销许可证、暂扣或者吊销执照等。

刑事责任是指违反刑事法律规定的个人或者单位所应当承担的法律责任。刑事处罚的种类包括管制、拘役、有期徒刑、无期徒刑和死刑这 5 种主刑，还包括剥夺政治权利、罚金和没收财产 3 种附加刑。附加刑可以单独适用，也可以与主刑合并适用。

《安全生产法》对于促进铁路及城市轨道交通企业抓好安全，严格安全责任追究有非常重要的意义。例如《铁路交通事故应急救援和调查处理条例》（以下简称《条例》）就明确规定了违反法律、行政法规的规定造成铁路交通事故应当承担的法律责任。

（1）铁路运输企业及其职工。

为了从源头上避免和减少发生铁路交通事故，保障铁路运输安全和畅通，《条例》专门规定了铁路运输企业及其职工违反法律、行政法规的规定造成铁路交通事故后应当承担的法律责任，即铁路运输企业及其职工违反法律、行政法规的规定，造成事故的，由国务院铁路主管部门或者铁路管理机构依法追究行政责任。

此外,违反《条例》的规定,铁路运输企业及其职工不立即组织救援,或者迟报、漏报、瞒报、谎报事故的,对单位,由国务院铁路主管部门或者铁路管理机构处10万元以上50万元以下的罚款;对个人,由国务院铁路主管部门或者铁路管理机构处4000元以上2万元以下的罚款;属于国家工作人员的,依法给予处分;构成犯罪的,依法追究刑事责任。

(2)国务院铁路主管部门、铁路管理机构以及其他行政机关。

违反《条例》的规定,国务院铁路主管部门、铁路管理机构以及其他行政机关未立即启动应急预案,或者迟报、漏报、瞒报、谎报事故的,对直接负责的主管人员和其他直接责任人员依法给予处分;构成犯罪的,依法追究刑事责任。

(3)任何单位和人员。

违反《条例》的规定,干扰、阻碍事故救援、铁路线路开通、列车运行和事故调查处理的,对单位,由国务院铁路主管部门或者铁路管理机构处4万元以上20万元以下的罚款;对个人,由国务院铁路主管部门或者铁路管理机构处2000元以上1万元以下的罚款;情节严重的,对单位,由国务院铁路主管部门或者铁路管理机构处20万元以上100万元以下的罚款;对个人,由国务院铁路主管部门或者铁路管理机构处1万元以上5万元以下的罚款;属于国家工作人员的,依法给予处分;构成违反治安管理行为的,由公安机关依法给予治安管理处罚;构成犯罪的,依法追究刑事责任。

《安全生产法》依法严肃追究生产安全事故有关责任人员的法律责任,对于惩罚和教育责任者本人,促使有关人员提高责任心，认真吸取事故教训，保证有关安全生产的法律、法规得到遵守，保障安全生产，具有十分重要的意义。因此，《安全生产法》明确规定“国家实行生产安全事故责任追究制度”。这是第一次以法律的形式宣布实行生产安全事故责任追究制度。这就意味着，任何生产安全事故的责任人都必须受到相应的责任追究。在实施责任追究制度时，必须贯彻“责任面前人人平等”的精神，坚决克服因人施罚的思想，无论什么人，只要违反安全生产管理制度造成了生产安全事故，就必须坚决予以追究，决不姑息迁就。

生产安全事故责任人员，既包括生产经营单位中对事故负有责任的人员，也包括政府及其有关部门对事故的发生负有领导责任或者有失职、渎职情形的有关人员，特殊情况下还可能包括上述人员以外的其他人员。

正确贯彻这一制度应当注意以下三个问题。

(1)客观上必须有责任事故的发生。按照事故发生的原因，生产安全事故分为自然灾害事故和责任事故两大类。自然灾害事故是指由于不能预见、不能避免、不能克服的自然原因造成的事故，也就是单纯的“天灾”。责任事故则是由于违反有关安全生产的法律法规、国家标准或行业标准和规章制度、操作规程所导致的事故，也就是通常所说的“人祸”。实践中生产安全事故绝大多数都是责任事故，常常与规章制度不健全、安全生产责任制不落实、安全生产投入不足、从业人员违章操作、事故隐患未及时消除、监督管理不到位等因素有关。《安全生产法》要追究责任的是责任事故。因此，有无责任事故的发生是追究有关责任人法律责任的前提，离开了这一前提，责任追究将无从谈起。

(2)承担责任的主体必须是事故责任人。分清事故责任,确定事故责任人,是追究法律责任的前提。这就要求在事故调查的基础上,对事故责任加以认真分析判断,寻找出真正的事故责任人。凡是对生产安全事故负有责任的人员,都必须承担责任;反之,就不应承担责任。这是责任自负的法制原则在责任追究制度中的具体体现。

(3)必须依法追究责任。责任追究制度的关键在于责任的落实和追究,但强调追究责任的重要性并不等于任意追究责任,想追究谁的责任就追究谁的责任,想追究什么责任就追究什么责任。特别是要明确责任追究的边界,做到“尽职免责”,防止责任追究泛化,甚至出现先追究责任、后调查事故以及简单根据事故等级确定问责级别等情况,使责任追究演化为“岗位追究”,严重挫伤基层和地方安全生产工作者的积极性,造成生产经营单位中没人愿意干安全生产工作、执法人员不愿意搞安全生产监管、政府和部门领导不愿意分管安全生产工作。在追究有关责任人员的责任时,必须严格按照法律、法规规定的程序、责任的种类和幅度执行,做到罚当其责、罪罚相称。追究责任的种类既包括行政责任也包括民事责任和刑事责任。

法律责任是法律规范的重要构成部分。它是指行为人对其违法行为所应承担的不利的法律后果。任何法律规范不仅要明确规定法律主体的权利和义务,而且要明确规定因违反义务或者侵犯权利而应当承担的责任。法律责任以法律制裁为必然后果。通过法律制裁,对人们起到教育和警示作用,从而实现预防和制止违法行为的目的。设定法律责任的根本目的之一就是促使人们遵守法律规范。

## 二、违反《安全生产法》造成后果应承担的法律责任

### 1.《中华人民共和国刑法》相关规定

铁路和城市轨道交通安全生产涉及运营安全、劳动人身安全、消防安全、危险品安全等方面,《中华人民共和国刑法》中规定了关于铁路运营安全事故、重大责任事故、重大劳动安全事故、消防责任事故等方面所应承担的刑事责任。铁路及城市轨道交通从业人员应遵守法律法规,落实安全生产责任,确保安全,违反法律法规相关规定的,将承担相应的法律责任。《安全生产法》对安全生产违法行为设定的法律责任是给予行政降级、撤职等行政处分;构成犯罪的,依照刑法有关规定追究刑事责任。

(1)铁路运营安全事故罪。铁路职工违反规章制度,致使发生铁路运营安全事故,造成严重后果的,处三年以下有期徒刑或者拘役;造成特别严重后果的,处三年以上七年以下有期徒刑。

(2)重大责任事故罪。在生产、作业中违反有关安全管理的规定,因而发生重大伤亡事故或者造成其他严重后果的,处三年以下有期徒刑或者拘役;情节特别恶劣的,处三年以上七年以下有期徒刑。

(3)强令违章冒险作业罪。强令他人违章冒险作业,或者明知存在重大事故隐患而不排除,仍冒险组织作业,因而发生重大伤亡事故或者造成其他严重后果的,处五年以下有期徒刑或者拘役;情节特别恶劣的,处五年以上有期徒刑。

(4)在生产、作业中违反有关安全管理的规定,有下列情形之一,具有发生重大伤亡事故或者其他严重后果的现实危险

的，处一年以下有期徒刑、拘役或者管制：

①关闭、破坏直接关系生产安全的监控、报警、防护、救生设备、设施，或者篡改、隐瞒、销毁其相关数据、信息的；

②因存在重大事故隐患被依法责令停产停业、停止施工、停止使用有关设备、设施、场所或者立即采取排除危险的整改措施，而拒不执行的；

③涉及安全生产的事项未经依法批准或者许可，擅自从事矿山开采、金属冶炼、建筑施工，以及危险物品生产、经营、储存等高度危险的生产作业活动的。

（5）重大劳动安全事故罪。安全生产设施或者安全生产条件不符合国家规定，因而发生重大伤亡事故或者造成其他严重后果的，对直接负责的主管人员和其他直接责任人员，处三年以下有期徒刑或者拘役；情节特别恶劣的，处三年以上七年以下有期徒刑。

（6）消防责任事故罪。违反消防管理法规，经消防监督机构通知采取改正措施而拒绝执行，造成严重后果的，对直接责任人员，处三年以下有期徒刑或者拘役；后果特别严重的，处三年以上七年以下有期徒刑。

### 2. 铁路安全生产法律责任

铁路是我国国民经济和社会发展的重要基础设施，国家高度重视铁路安全工作。铁路安全生产主要是依据《安全生产法》、《中华人民共和国刑法》、《中华人民共和国突发事件应对法》、《生产安全事故报告和调查处理条例》、《铁路安全管理条例》、各地方铁路安全管理条例（规定）等法律法规。

《铁路安全管理条例》对法律责任做了如下规定。

（1）铁路建设单位和铁路建设的勘察、设计、施工、监理单位违反《铁路安全管理条例》关于铁路建设质量安全管理的规定的，由铁路监管部门依照有关工程建设、招标投标管理的法律、行政法规的规定处罚。

(2)铁路建设单位未对高速铁路和地质构造复杂的铁路建设工程实行工程地质勘察监理，或者在铁路线路及其邻近区域进行铁路建设工程施工不执行铁路营业线施工安全管理规定，影响铁路运营安全的，由铁路监管部门责令改正，处10万元以上50万元以下的罚款。

(3)依法应当进行产品认证的铁路专用设备未经认证合格，擅自出厂、销售、进口、使用的，依照《中华人民共和国认证认可条例》的规定处罚。

(4)铁路机车车辆以及其他专用设备制造者未按规定召回缺陷产品，采取措施消除缺陷的，由国务院铁路行业监督管理部门责令改正；拒不改正的，处缺陷产品货值金额1%以上10%以下的罚款；情节严重的，由国务院铁路行业监督管理部门吊销相应的许可证件。

(5)有下列情形之一的，由铁路监督管理机构责令改正，处2万元以上10万元以下的罚款：

①用于铁路运输的安全检测、监控、防护设施设备，集装箱和集装化用具等运输器具、专用装卸机械、索具、篷布、装载加固材料或者装置、运输包装、货物装载加固等，不符合国家标准、行业标准和技术规范；

②不按照国家有关规定和标准设置、维护铁路封闭设施、安全防护设施；

③架设、铺设铁路信号和通信线路、杆塔不符合国家标准、行业标准和铁路安全防护要求，或者未对铁路信号和通信线

路、杆塔进行维护和管理；

④运输危险货物不依照法律法规和国家其他有关规定使用专用的设施设备。

(6)在铁路线路安全保护区内烧荒、放养牲畜、种植影响铁路线路安全和行车瞭望的树木等植物，或者向铁路线路安全保护区排污、倾倒垃圾以及其他危害铁路安全的物质的，由铁路监督管理机构责令改正，对单位可以处5万元以下的罚款，对个人可以处2000元以下的罚款。

(7)未经铁路运输企业同意或者未签订安全协议，在铁路线路安全保护区内建造建筑物、构筑物等设施，取土、挖砂、挖沟、采空作业或者堆放、悬挂物品，或者违反保证铁路安全的国家标准、行业标准和施工安全规范，影响铁路运输安全的，由铁路监督管理机构责令改正，可以处10万元以下的罚款。

铁路运输企业未派员对铁路线路安全保护区内施工现场进行安全监督的，由铁路监督管理机构责令改正，可以处3万元以下的罚款。

(8)在铁路线路安全保护区及其邻近区域建造或者设置的建筑物、构筑物、设备等进入国家规定的铁路建筑限界，或者在铁路线路两侧建造、设立生产、加工、储存或者销售易燃、易爆或者放射性物品等危险物品的场所、仓库不符合国家标准、行业标准规定的安全防护距离的，由铁路监督管理机构责令改正，对单位处5万元以上20万元以下的罚款，对个人处1万元以上5万元以下的罚款。

(9)有下列行为之一的，分别由铁路沿线所在地县级以上地方人民政府水行政主管部门、国土资源主管部门或者无线电管理机构等依照有关水资源管理、矿产资源管理、无线电管理等法律、行政法规的规定处罚：

①未经批准在铁路线路两侧各1000米范围内从事露天采矿、采石或者爆破作业；

②在地下水禁止开采区或者限制开采区抽取地下水；

③在铁路桥梁跨越处河道上下游各1000米范围内围垦造田、拦河筑坝、架设浮桥或者修建其他影响铁路桥梁安全的设施；

④在铁路桥梁跨越处河道上下游禁止采砂、淘金的范围内采砂、淘金；

⑤干扰铁路运营指挥调度无线电频率正常使用。

(10)铁路运输企业、道路管理部门或者道路经营企业未履行铁路、道路两用桥检查、维护职责的，由铁路监督管理机构或者上级道路管理部门责令改正；拒不改正的，由铁路监督管理机构或者上级道路管理部门指定其他单位进行养护和维修，养护和维修费用由拒不履行义务的铁路运输企业、道路管理部门或者道路经营企业承担。

(11)机动车通过下穿铁路桥梁、涵洞的道路未遵守限高、限宽规定的，由公安机关依照道路交通安全管理法律、行政法规的规定处罚。

(12)违反铁路道口安全管理的规定的，由铁路监督管理机构责令改正，处1000元以上5000元以下的罚款。

(13)对破坏或危害铁路设施设备的行为，由公安机关责令改正，对单位处1万元以上5万元以下的罚款，对个人处500元以上2000元以下的罚款。

(14)铁路运输托运人托运货物、行李、包裹时匿报、谎报货物品名、性质、重量，或者装车、装箱超过规定重量的，由铁路监督管理机构责令改正,可以处2000元以下的罚款;情节较重的,处2000元以上2万元以下的罚款;将危险化学品谎报或者匿报为普通货物托运的,处10万元以上20万元以下的罚款。

铁路运输托运人在普通货物中夹带危险货物,或者在危险货物中夹带禁止配装的货物的,由铁路监督管理机构责令改正,处3万元以上20万元以下的罚款。

(15)铁路运输托运人运输危险货物未配备必要的应急处理器材、设备、防护用品,或者未按照操作规程包装、装卸、运输危险货物的,由铁路监督管理机构责令改正,处1万元以上5万元以下的罚款。

(16)铁路运输托运人运输危险货物不按照规定配备必要的押运人员,或者发生危险货物被盗、丢失、泄漏等情况不按照规定及时报告的,由公安机关责令改正,处1万元以上5万元以下的罚款。

(17)旅客违法携带、夹带管制器具或者违法携带、托运烟花爆竹、枪支弹药等危险物品或者其他违禁物品的,由公安机关依法给予治安管理处罚。

(18)铁路运输企业有下列情形之一的,由铁路监管部门责令改正,处2万元以上10万元以下的罚款:

①在非危险货物办理站办理危险货物承运手续;

②承运未接受安全检查的货物;

③承运不符合安全规定、可能危害铁路运输安全的货物;

④未按照操作规程包装、装卸、运输危险货物。

(19)铁路监管部门及其工作人员应当严格按照《铁路安全管理条例》规定的处罚种类和幅度,根据违法行为的性质和具体情节行使行政处罚权,具体办法由国务院铁路行业监督管理部门制定。

(20)铁路运输企业工作人员窃取、泄露旅客身份信息的，由公安机关依法处罚。

(21)从事铁路建设、运输、设备制造维修的单位违反《铁路安全管理条例》规定，对直接负责的主管人员和其他直接责任人员依法给予处分。

(22)铁路监管部门及其工作人员不依照《铁路安全管理条例》规定履行职责的，对负有责任的领导人员和直接责任人员依法给予处分。

(23)违反《铁路安全管理条例》规定，给铁路运输企业或者其他单位、个人财产造成损失的，依法承担民事责任。

违反《铁路安全管理条例》规定，构成违反治安管理行为的，由公安机关依法给予治安管理处罚；构成犯罪的，依法追究刑事责任。

### 3. 城市轨道交通安全生产法律责任

城市轨道交通是大城市公共交通系统的骨干，是建设现代城市的重要基础设施，是便民惠民的重大民生工程，在引领和支撑城市发展、满足人民群众出行、缓解交通拥堵、减少环境污染等方面发挥着越来越重要的作用，已成为大城市人民群众日常出行重要的交通方式和城市正常运行的重要保障，其运营安全与服务水平对保障人民群众生命财产安全、维护社会稳定以及提升人民群众获得感具有重要意义。近年来，随着城市轨道交通新开通的城市增多、运营规模快速增长、客运量不断攀升，其安全保障难度越来越大，乘客的服务需求和期望也越来越高，对提升行业管理水平提出了新的更高要求。

2018 年 3 月，国务院办公厅印发了《关于保障城市轨道交通安全运行的意见》(国办发〔2018〕13号,以下简称《意见》),明确提出要根据实际需要及时制修订城市轨道交通法规规章。为贯彻落实《意见》要求,适应新的发展形势和需要,更好履行指导城市轨道交通运营职责,交通运输部在前期工作基础上起草了《城市轨道交通运营管理规定》,坚持“以人民为中心、安全可靠、便捷高效、经济舒适”的基本原则,明确了城市轨道交通运营管理的各项政策措施,为进一步规范城市轨道交通运营管理,切实保障运营安全,统筹协调各方关系具有重要意义。

轨道交通安全生产主要是依据《安全生产法》、《中华人民共和国刑法》、《中华人民共和国突发事件应对法》、《生产安全事故报告和调查处理条例》、《城市轨道交通运营管理规定》、各省市城市轨道交通管理条例(规定)等法律法规。

《城市轨道交通运营管理规定》对法律责任做了如下规定。

(1)城市轨道交通工程项目(含甩项工程)未经安全评估投入运营的,由城市轨道交通运营主管部门责令限期整改,并对运营单位处以2万元以上3万元以下的罚款,同时对其主要负责人处以1万元以下的罚款;有严重安全隐患的,城市轨道交通运营主管部门应当责令暂停运营。

(2)运营单位有下列行为之一的,由城市轨道交通运营主管部门责令限期改正;逾期未改正的,处以5000元以上3万元以下的罚款,并可对其主要负责人处以1万元以下的罚款:

①未全程参与试运行;

②未按照相关标准对从业人员进行技能培训教育;

③列车驾驶员未按照法律法规的规定取得职业准入资格;

④列车驾驶员、行车调度员、行车值班员、信号工、通信工

等重点岗位从业人员未经考核上岗；

⑤未按照有关规定完善风险分级管控和隐患排查治理双重预防制度；

⑥未建立风险数据库和隐患排查手册；

⑦未按要求报告运营安全风险隐患整改情况；

⑧未建立设施设备检查、检测评估、养护维修、更新改造制度和技术管理体系；

⑨未对设施设备定期检查、检测评估和及时养护维修、更新改造；

⑩未按照有关规定建立运营突发事件应急预案体系；

⑪储备的应急物资不满足需要，未配备专业应急救援装备，或者未建立应急救援队伍、配齐应急人员；

⑫未按时组织运营突发事件应急演练。

(3)运营单位未按照规定上报城市轨道交通运营相关信息或者运营安全重大故障和事故的，由城市轨道交通运营主管部门责令限期改正；逾期未改正的，处以5000元以上3万元以下的罚款。

(4)运营单位有下列行为之一，由城市轨道交通运营主管部门责令限期改正；逾期未改正的，处以1万元以下的罚款：

①未向社会公布运营服务质量承诺或者定期报告履行情况；

②运行图未报城市轨道交通运营主管部门备案或者调整运行图严重影响服务质量的，未向城市轨道交通运营主管部门说明理由；

③未按规定向乘客提供运营服务和安全应急等信息；

④未建立投诉受理制度，或者未及时处理乘客投诉并将处

理结果告知乘客；

⑤采取的限流、甩站、封站、暂停运营等措施，未及时告知公众或者封站、暂停运营等措施未向城市轨道交通运营主管部门报告。

(5)有下列行为之一，由城市轨道交通运营主管部门责令相关责任人和单位限期改正、消除影响；逾期未改正的，可以对个人处以5000元以下的罚款，对单位处以3万元以下的罚款；造成损失的，依法承担赔偿责任；情节严重构成犯罪的，依法追究刑事责任：

①高架线路桥下的空间使用可能危害运营安全的；

②地面、高架线路沿线建(构)筑物或者植物妨碍行车瞭望、侵入限界的。

(6)有危害城市轨道交通运营设施设备安全和可能危害城市轨道交通运营安全的行为，运营单位有权予以制止，并由城市轨道交通运营主管部门责令改正，可以对个人处以5000元以下的罚款，对单位处以3万元以下的罚款；违反治安管理规定的，由公安机关依法处理；构成犯罪的，依法追究刑事责任。

(7)城市轨道交通运营主管部门不履行职责造成严重后果的，或者有其他滥用职权、玩忽职守、徇私舞弊行为的，对负有责任的领导人员和直接责任人员依法给予处分；构成犯罪的，依法追究刑事责任。

(8)地方性法规、地方政府规章对城市轨道交通运营违法行为需要承担的法律责任与本规定有不同规定的，从其规定。

# 附　　录

附录 1

## 中华人民共和国主席令

第八十八号

《全国人民代表大会常务委员会关于修改〈中华人民共和国安全生产法〉的决定》已由中华人民共和国第十三届全国人民代表大会常务委员会第二十九次会议于 2021 年 6 月 10 日通过，现予公布，自 2021 年 9 月 1 日起施行。

中华人民共和国主席　习近平

2021 年 6 月 10 日

附录 2

# 全国人民代表大会常务委员会关于修改《中华人民共和国安全生产法》的决定

（2021 年 6 月 10 日第十三届全国人民代表大会常务委员会第二十九次会议通过）

第十三届全国人民代表大会常务委员会第二十九次会议决定对《中华人民共和国安全生产法》作如下修改：

**一**、将第三条修改为："安全生产工作坚持中国共产党的领导。

"安全生产工作应当以人为本，坚持人民至上、生命至上，把保护人民生命安全摆在首位，树牢安全发展理念，坚持安全第一、预防为主、综合治理的方针，从源头上防范化解重大安全风险。

"安全生产工作实行管行业必须管安全、管业务必须管安全、管生产经营必须管安全，强化和落实生产经营单位主体责任与政府监管责任，建立生产经营单位负责、职工参与、政府监管、行业自律和社会监督的机制。"

**二**、将第四条修改为："生产经营单位必须遵守本法和其他有关安全生产的法律、法规，加强安全生产管理，建立健全全员安全生产责任制和安全生产规章制度，加大对安全生产资金、物资、技术、人员的投入保障力度，改善安全生产条件，加强安全生产标准化、信息化建设，构建安全风险分级管控和隐患排查治理双重预防机制，健全风险防范化解机制，提高安全生产水平，确保安全生产。

“平台经济等新兴行业、领域的生产经营单位应当根据本行业、领域的特点，建立健全并落实全员安全生产责任制，加强从业人员安全生产教育和培训，履行本法和其他法律、法规规定的有关安全生产义务。”

三、将第五条修改为：“生产经营单位的主要负责人是本单位安全生产第一责任人，对本单位的安全生产工作全面负责。其他负责人对职责范围内的安全生产工作负责。”

四、将第八条改为两条，作为第八条、第九条，修改为：“第八条　国务院和县级以上地方各级人民政府应当根据国民经济和社会发展规划制定安全生产规划，并组织实施。安全生产规划应当与国土空间规划等相关规划相衔接。

“各级人民政府应当加强安全生产基础设施建设和安全生产监管能力建设，所需经费列入本级预算。

“县级以上地方各级人民政府应当组织有关部门建立完善安全风险评估与论证机制，按照安全风险管控要求，进行产业规划和空间布局，并对位置相邻、行业相近、业态相似的生产经营单位实施重大安全风险联防联控。”

“第九条　国务院和县级以上地方各级人民政府应当加强对安全生产工作的领导，建立健全安全生产工作协调机制，支持、督促各有关部门依法履行安全生产监督管理职责，及时协调、解决安全生产监督管理中存在的重大问题。

“乡镇人民政府和街道办事处，以及开发区、工业园区、港区、风景区等应当明确负责安全生产监督管理的有关工作机构及其职责，加强安全生产监管力量建设，按照职责对本行政区域或者管理区域内生产经营单位安全生产状况进行监督检查，协助人民政府有关部门或者按照授权依法履行安全生产监督管理职责。”

**五**、将第九条改为第十条，修改为：“国务院应急管理部门依照本法，对全国安全生产工作实施综合监督管理；县级以上地方各级人民政府应急管理部门依照本法，对本行政区域内安全生产工作实施综合监督管理。

“国务院交通运输、住房和城乡建设、水利、民航等有关部门依照本法和其他有关法律、行政法规的规定，在各自的职责范围内对有关行业、领域的安全生产工作实施监督管理；县级以上地方各级人民政府有关部门依照本法和其他有关法律、法规的规定，在各自的职责范围内对有关行业、领域的安全生产工作实施监督管理。对新兴行业、领域的安全生产监督管理职责不明确的，由县级以上地方各级人民政府按照业务相近的原则确定监督管理部门。

“应急管理部门和对有关行业、领域的安全生产工作实施监督管理的部门，统称负有安全生产监督管理职责的部门。负有安全生产监督管理职责的部门应当相互配合、齐抓共管、信息共享、资源共用，依法加强安全生产监督管理工作。”

**六**、增加一条，作为第十二条：“国务院有关部门按照职责分工负责安全生产强制性国家标准的项目提出、组织起草、征求意见、技术审查。国务院应急管理部门统筹提出安全生产强制性国家标准的立项计划。国务院标准化行政主管部门负责安全生产强制性国家标准的立项、编号、对外通报和授权批准发布工作。国务院标准化行政主管部门、有关部门依据法定职责对安全生产强制性国家标准的实施进行监督检查。”

**七**、增加一条，作为第十七条：“县级以上各级人民政府应当组织负有安全生产监督管理职责的部门依法编制安全生产权力和责任清单，公开并接受社会监督。”

**八**、将第十八条改为第二十一条，修改为：“生产经营单位的主要负责人对本单位安全生产工作负有下列职责：

“（一）建立健全并落实本单位全员安全生产责任制，加强安全生产标准化建设；

“（二）组织制定并实施本单位安全生产规章制度和操作规程；

“（三）组织制定并实施本单位安全生产教育和培训计划；

“（四）保证本单位安全生产投入的有效实施；

“（五）组织建立并落实安全风险分级管控和隐患排查治理双重预防工作机制，督促、检查本单位的安全生产工作，及时消除生产安全事故隐患；

“（六）组织制定并实施本单位的生产安全事故应急救援预案；

“（七）及时、如实报告生产安全事故。”

**九**、将第二十二条改为第二十五条，修改为：“生产经营单位的安全生产管理机构以及安全生产管理人员履行下列职责：

“（一）组织或者参与拟订本单位安全生产规章制度、操作规程和生产安全事故应急救援预案；

“（二）组织或者参与本单位安全生产教育和培训，如实记录安全生产教育和培训情况；

“（三）组织开展危险源辨识和评估，督促落实本单位重大危险源的安全管理措施；

“（四）组织或者参与本单位应急救援演练；

“（五）检查本单位的安全生产状况，及时排查生产安全事故隐患，提出改进安全生产管理的建议；

"(六)制止和纠正违章指挥、强令冒险作业、违反操作规程的行为;

"(七)督促落实本单位安全生产整改措施。

"生产经营单位可以设置专职安全生产分管负责人,协助本单位主要负责人履行安全生产管理职责。"

**十、**将第三十三条改为第三十六条,增加两款,作为第三款、第四款:"生产经营单位不得关闭、破坏直接关系生产安全的监控、报警、防护、救生设备、设施,或者篡改、隐瞒、销毁其相关数据、信息。

"餐饮等行业的生产经营单位使用燃气的,应当安装可燃气体报警装置,并保障其正常使用。"

**十一、**将第三十七条改为第四十条,第二款修改为:"生产经营单位应当按照国家有关规定将本单位重大危险源及有关安全措施、应急措施报有关地方人民政府应急管理部门和有关部门备案。有关地方人民政府应急管理部门和有关部门应当通过相关信息系统实现信息共享。"

**十二、**将第三十八条改为第四十一条,修改为:"生产经营单位应当建立安全风险分级管控制度,按照安全风险分级采取相应的管控措施。

"生产经营单位应当建立健全并落实生产安全事故隐患排查治理制度,采取技术、管理措施,及时发现并消除事故隐患。事故隐患排查治理情况应当如实记录,并通过职工大会或者职工代表大会、信息公示栏等方式向从业人员通报。其中,重大事故隐患排查治理情况应当及时向负有安全生产监督管理职责的部门和职工大会或者职工代表大会报告。

"县级以上地方各级人民政府负有安全生产监督管理职责

的部门应当将重大事故隐患纳入相关信息系统，建立健全重大事故隐患治理督办制度，督促生产经营单位消除重大事故隐患。”

**十三**、将第四十一条改为第四十四条，增加一款，作为第二款：“生产经营单位应当关注从业人员的身体、心理状况和行为习惯，加强对从业人员的心理疏导、精神慰藉，严格落实岗位安全生产责任，防范从业人员行为异常导致事故发生。”

**十四**、将第四十六条改为第四十九条，增加一款，作为第三款：“矿山、金属冶炼建设项目和用于生产、储存、装卸危险物品的建设项目的施工单位应当加强对施工项目的安全管理，不得倒卖、出租、出借、挂靠或者以其他形式非法转让施工资质，不得将其承包的全部建设工程转包给第三人或者将其承包的全部建设工程支解以后以分包的名义分别转包给第三人，不得将工程分包给不具备相应资质条件的单位。”

**十五**、将第四十八条改为第五十一条，第二款修改为：“国家鼓励生产经营单位投保安全生产责任保险；属于国家规定的高危行业、领域的生产经营单位，应当投保安全生产责任保险。具体范围和实施办法由国务院应急管理部门会同国务院财政部门、国务院保险监督管理机构和相关行业主管部门制定。”

**十六**、将第五十三条改为第五十六条，修改为：“生产经营单位发生生产安全事故后，应当及时采取措施救治有关人员。

“因生产安全事故受到损害的从业人员，除依法享有工伤保险外，依照有关民事法律尚有获得赔偿的权利的，有权提出赔偿要求。”

**十七**、将第五十四条改为第五十七条，修改为：“从业人员在作业过程中，应当严格落实岗位安全责任，遵守本单位的安全生产规章制度和操作规程,服从管理,正确佩戴和使用劳动防护用品。”

**十八**、将第六十九条改为第七十二条,修改为:“承担安全评价、认证、检测、检验职责的机构应当具备国家规定的资质条件,并对其作出的安全评价、认证、检测、检验结果的合法性、真实性负责。资质条件由国务院应急管理部门会同国务院有关部门制定。

“承担安全评价、认证、检测、检验职责的机构应当建立并实施服务公开和报告公开制度,不得租借资质、挂靠、出具虚假报告。”

**十九**、将第七十条改为第七十三条,修改为:“负有安全生产监督管理职责的部门应当建立举报制度,公开举报电话、信箱或者电子邮件地址等网络举报平台,受理有关安全生产的举报;受理的举报事项经调查核实后,应当形成书面材料;需要落实整改措施的,报经有关负责人签字并督促落实。对不属于本部门职责,需要由其他有关部门进行调查处理的,转交其他有关部门处理。

“涉及人员死亡的举报事项,应当由县级以上人民政府组织核查处理。”

**二十**、将第七十一条改为第七十四条,增加一款,作为第二款:“因安全生产违法行为造成重大事故隐患或者导致重大事故,致使国家利益或者社会公共利益受到侵害的,人民检察院可以根据民事诉讼法、行政诉讼法的相关规定提起公益诉讼。”

**二十一**、将第七十五条改为第七十八条,修改为:“负有安全生产监督管理职责的部门应当建立安全生产违法行为信息库,如实记录生产经营单位及其有关从业人员的安全生产违法行为信息;对违法行为情节严重的生产经营单位及其有关从业人员,应当及时向社会公告,并通报行业主管部门、投资主管部门、自然资源主管部门、生态环境主管部门、证券监督管理机构以及有关金融机构。有关部门和机构应当对存在失信行为的生产经营单位及其有关从业人员采取加大执法检查频次、暂停项目审批、上调有关保险费率、行业或者职业禁入等联合惩戒措施,并向社会公示。

“负有安全生产监督管理职责的部门应当加强对生产经营单位行政处罚信息的及时归集、共享、应用和公开,对生产经营单位作出处罚决定后七个工作日内在监督管理部门公示系统予以公开曝光,强化对违法失信生产经营单位及其有关从业人员的社会监督,提高全社会安全生产诚信水平。”

**二十二**、将第七十六条改为第七十九条,修改为:“国家加强生产安全事故应急能力建设,在重点行业、领域建立应急救援基地和应急救援队伍,并由国家安全生产应急救援机构统一协调指挥;鼓励生产经营单位和其他社会力量建立应急救援队伍,配备相应的应急救援装备和物资,提高应急救援的专业化水平。

“国务院应急管理部门牵头建立全国统一的生产安全事故应急救援信息系统,国务院交通运输、住房和城乡建设、水利、民航等有关部门和县级以上地方人民政府建立健全相关行业、领域、地区的生产安全事故应急救援信息系统,实现互联互通、信息共享,通过推行网上安全信息采集、安全监管和监测预警,提升监管的精准化、智能化水平。”

**二十三**、将第七十七条改为第八十条,增加一款,作为第二款:“乡镇人民政府和街道办事处,以及开发区、工业园区、港区、风景区等应当制定相应的生产安全事故应急救援预案，协助人民政府有关部门或者按照授权依法履行生产安全事故应急救援工作职责。”

**二十四**、将第八十三条改为第八十六条，第一款修改为：“事故调查处理应当按照科学严谨、依法依规、实事求是、注重实效的原则，及时、准确地查清事故原因，查明事故性质和责任，评估应急处置工作，总结事故教训，提出整改措施，并对事故责任单位和人员提出处理建议。事故调查报告应当依法及时向社会公布。事故调查和处理的具体办法由国务院制定。”

增加一款，作为第三款：“负责事故调查处理的国务院有关部门和地方人民政府应当在批复事故调查报告后一年内，组织有关部门对事故整改和防范措施落实情况进行评估，并及时向社会公开评估结果；对不履行职责导致事故整改和防范措施没有落实的有关单位和人员，应当按照有关规定追究责任。”

**二十五**、将第八十九条改为第九十二条，修改为：“承担安全评价、认证、检测、检验职责的机构出具失实报告的，责令停业整顿，并处三万元以上十万元以下的罚款；给他人造成损害的，依法承担赔偿责任。

“承担安全评价、认证、检测、检验职责的机构租借资质、挂靠、出具虚假报告的，没收违法所得；违法所得在十万元以上的，并处违法所得二倍以上五倍以下的罚款，没有违法所得或者违法所得不足十万元的，单处或者并处十万元以上二十万元以下的罚款；对其直接负责的主管人员和其他直接责任人员处五万元以上十万元以下的罚款；给他人造成损害的，与生产经营单位承担连带赔偿责任；构成犯罪的，依照刑法有关规定追究刑事责任。

“对有前款违法行为的机构及其直接责任人员，吊销其相应资质和资格，五年内不得从事安全评价、认证、检测、检验等工作；情节严重的，实行终身行业和职业禁入。”

**二十六**、将第九十一条改为第九十四条，第一款修改为：“生产经营单位的主要负责人未履行本法规定的安全生产管理职责的，责令限期改正，处二万元以上五万元以下的罚款；逾期未改正的，处五万元以上十万元以下的罚款，责令生产经营单位停产停业整顿。”

**二十七**、将第九十二条改为第九十五条，修改为：“生产经营单位的主要负责人未履行本法规定的安全生产管理职责，导致发生生产安全事故的，由应急管理部门依照下列规定处以罚款：

“（一）发生一般事故的，处上一年年收入百分之四十的罚款；

“（二）发生较大事故的，处上一年年收入百分之六十的罚款；

“（三）发生重大事故的，处上一年年收入百分之八十的罚款；

“（四）发生特别重大事故的，处上一年年收入百分之一百的罚款。”

**二十八**、将第九十三条改为第九十六条，修改为：“生产经营单位的其他负责人和安全生产管理人员未履行本法规定的安全生产管理职责的，责令限期改正，处一万元以上三万元以下的罚款；导致发生生产安全事故的，暂停或者吊销其与安全生产有关的资格，并处上一年年收入百分之二十以上百分之五十以下的罚款；构成犯罪的，依照刑法有关规定追究刑事责任。”

**二十九**、将第九十四条改为第九十七条，修改为：“生产经营单位有下列行为之一的，责令限期改正，处十万元以下的罚款；逾期未改正的，责令停产停业整顿，并处十万元以上二十万元以下的罚款，对其直接负责的主管人员和其他直接责任人员处二万元以上五万元以下的罚款：

“（一）未按照规定设置安全生产管理机构或者配备安全生产管理人员、注册安全工程师的；

“（二）危险物品的生产、经营、储存、装卸单位以及矿山、金属冶炼、建筑施工、运输单位的主要负责人和安全生产管理人员未按照规定经考核合格的；

“（三）未按照规定对从业人员、被派遣劳动者、实习学生进行安全生产教育和培训，或者未按照规定如实告知有关的安全生产事项的；

“（四）未如实记录安全生产教育和培训情况的；

“（五）未将事故隐患排查治理情况如实记录或者未向从业人员通报的；

“（六）未按照规定制定生产安全事故应急救援预案或者未定期组织演练的；

“（七）特种作业人员未按照规定经专门的安全作业培训并取得相应资格，上岗作业的。”

**三十**、将第九十五条改为第九十八条，修改为：“生产经营单位有下列行为之一的，责令停止建设或者停产停业整顿，限期改正，并处十万元以上五十万元以下的罚款，对其直接负责的主管人员和其他直接责任人员处二万元以上五万元以下的罚款；逾期未改正的，处五十万元以上一百万元以下的罚款，对其直接负责的主管人员和其他直接责任人员处五万元以上十万元以下的罚款；构成犯罪的，依照刑法有关规定追究刑事责任：

“（一）未按照规定对矿山、金属冶炼建设项目或者用于生产、储存、装卸危险物品的建设项目进行安全评价的；

“（二）矿山、金属冶炼建设项目或者用于生产、储存、装卸危险物品的建设项目没有安全设施设计或者安全设施设计未按照规定报经有关部门审查同意的；

“（三）矿山、金属冶炼建设项目或者用于生产、储存、装卸危险物品的建设项目的施工单位未按照批准的安全设施设计施工的；

“（四）矿山、金属冶炼建设项目或者用于生产、储存、装卸危险物品的建设项目竣工投入生产或者使用前，安全设施未经验收合格的。”

**三十一、**将第九十六条改为第九十九条，增加两项，作为第四项、第八项：“（四）关闭、破坏直接关系生产安全的监控、报警、防护、救生设备、设施，或者篡改、隐瞒、销毁其相关数据、信息的；

“（八）餐饮等行业的生产经营单位使用燃气未安装可燃气体报警装置的。”

**三十二、**将第九十八条改为第一百零一条，修改为：“生产经营单位有下列行为之一的，责令限期改正，处十万元以下的罚款；逾期未改正的，责令停产停业整顿，并处十万元以上二十万元以下的罚款，对其直接负责的主管人员和其他直接责任人员处二万元以上五万元以下的罚款；构成犯罪的，依照刑法有关规定追究刑事责任：

“（一）生产、经营、运输、储存、使用危险物品或者处置废弃危险物品，未建立专门安全管理制度、未采取可靠的安全措施的；

“（二）对重大危险源未登记建档，未进行定期检测、评估、监控，未制定应急预案，或者未告知应急措施的；

“（三）进行爆破、吊装、动火、临时用电以及国务院应急管理部门会同国务院有关部门规定的其他危险作业，未安排专门人员进行现场安全管理的；

“（四）未建立安全风险分级管控制度或者未按照安全风险分级采取相应管控措施的；

“（五）未建立事故隐患排查治理制度，或者重大事故隐患排查治理情况未按照规定报告的。”

**三十三**、将第九十九条改为第一百零二条，修改为：“生产经营单位未采取措施消除事故隐患的，责令立即消除或者限期消除，处五万元以下的罚款；生产经营单位拒不执行的，责令停产停业整顿，对其直接负责的主管人员和其他直接责任人员处五万元以上十万元以下的罚款；构成犯罪的，依照刑法有关规定追究刑事责任。”

**三十四**、将第一百条改为第一百零三条，增加一款，作为第三款：“矿山、金属冶炼建设项目和用于生产、储存、装卸危险物品的建设项目的施工单位未按照规定对施工项目进行安全管理的，责令限期改正，处十万元以下的罚款，对其直接负责的主管人员和其他直接责任人员处二万元以下的罚款；逾期未改正的，责令停产停业整顿。以上施工单位倒卖、出租、出借、挂靠或者以其他形式非法转让施工资质的，责令停产停业整顿，吊销资质证书，没收违法所得；违法所得十万元以上的，并处违法所得二倍以上五倍以下的罚款，没有违法所得或者违法所得不足十万元的，单处或者并处十万元以上二十万元以下的罚款；对其直接负责的主管人员和其他直接责任人员处五万元以上十万元以下的罚款；构成犯罪的，依照刑法有关规定追究刑事责任。”

**三十五**、将第一百零四条改为第一百零七条，修改为：“生产经营单位的从业人员不落实岗位安全责任，不服从管理，违反安全生产规章制度或者操作规程的，由生产经营单位给予批评教育，依照有关规章制度给予处分；构成犯罪的，依照刑法有关规定追究刑事责任。”

**三十六**、增加一条，作为第一百零九条：“高危行业、领域的生产经营单位未按照国家规定投保安全生产责任保险的，责令限期改正，处五万元以上十万元以下的罚款；逾期未改正的，处十万元以上二十万元以下的罚款。”

**三十七**、增加一条，作为第一百一十二条：“生产经营单位违反本法规定，被责令改正且受到罚款处罚，拒不改正的，负有安全生产监督管理职责的部门可以自作出责令改正之日的次日起，按照原处罚数额按日连续处罚。”

**三十八**、将第一百零八条改为第一百一十三条，修改为：“生产经营单位存在下列情形之一的，负有安全生产监督管理职责的部门应当提请地方人民政府予以关闭，有关部门应当依法吊销其有关证照。生产经营单位主要负责人五年内不得担任任何生产经营单位的主要负责人；情节严重的，终身不得担任本行业生产经营单位的主要负责人：

“（一）存在重大事故隐患，一百八十日内三次或者一年内四次受到本法规定的行政处罚的；

“（二）经停产停业整顿，仍不具备法律、行政法规和国家标准或者行业标准规定的安全生产条件的；

“（三）不具备法律、行政法规和国家标准或者行业标准规定的安全生产条件，导致发生重大、特别重大生产安全事故的；

“（四）拒不执行负有安全生产监督管理职责的部门作出的停产停业整顿决定的。”

**三十九**、将第一百零九条改为第一百一十四条，修改为：“发生生产安全事故，对负有责任的生产经营单位除要求其依法承担相应的赔偿等责任外，由应急管理部门依照下列规定处以罚款：

“（一）发生一般事故的，处三十万元以上一百万元以下的罚款；

“（二）发生较大事故的，处一百万元以上二百万元以下的罚款；

“（三）发生重大事故的，处二百万元以上一千万元以下的罚款；

“（四）发生特别重大事故的，处一千万元以上二千万元以下的罚款。

“发生生产安全事故，情节特别严重、影响特别恶劣的，应急管理部门可以按照前款罚款数额的二倍以上五倍以下对负有责任的生产经营单位处以罚款。”

**四十**、将第一百一十条改为第一百一十五条，修改为：“本法规定的行政处罚，由应急管理部门和其他负有安全生产监督管理职责的部门按照职责分工决定；其中，根据本法第九十五条、第一百一十条、第一百一十四条的规定应当给予民航、铁路、电力行业的生产经营单位及其主要负责人行政处罚的，也可以由主管的负有安全生产监督管理职责的部门进行处罚。予以关闭的行政处罚,由负有安全生产监督管理职责的部门报请县级以上人民政府按照国务院规定的权限决定;给予拘留的行政处罚,由公安机关依照治安管理处罚的规定决定。"

**四十一、**将第一百一十三条改为第一百一十八条,第二款修改为:"国务院应急管理部门和其他负有安全生产监督管理职责的部门应当根据各自的职责分工,制定相关行业、领域重大危险源的辨识标准和重大事故隐患的判定标准。"

**四十二、**对部分条文作以下修改:

(一)将第二十条、第二十四条、第二十七条、第三十五条、第四十条、第五十九条、第六十二条、第七十三条、第八十六条、第一百零六条中的"安全生产监督管理部门"修改为"应急管理部门",第三十一条中的"安全生产监督管理部门"修改为"负有安全生产监督管理职责的部门",第四十条中的"吊装"修改为"吊装、动火、临时用电"。

(二)将第十四条中的"生产安全事故责任人员"修改为"生产安全事故责任单位和责任人员"。

(三)将第十九条中的"安全生产责任制"修改为"全员安全生产责任制"。

(四)将第二十一条、第二十四条中的"道路运输单位"修改为"运输单位","储存"修改为"储存、装卸";将第三十一条第二款中的"储存"修改为"储存、装卸"。

(五)将第三十九条第二款、第一百零二条第二项中的"锁闭、封堵"修改为"占用、锁闭、封堵","出口"修改为"出口、疏散通道"。

(六)将第六十四条中的"监督执法"修改为"行政执法"。

（七）删去第六十八条中的“行政”。

（八）将第八十四条中的“第八十七条”修改为“第九十条”。

（九）删去第九十六条、第一百条、第一百零一条、第一百零二条中的“可以”。

本决定自 2021 年 9 月 1 日起施行。

《中华人民共和国安全生产法》根据本决定作相应修改并对条文顺序作相应调整，重新公布。

附录 3

# 中华人民共和国安全生产法

（2002 年 6 月 29 日第九届全国人民代表大会常务委员会第二十八次会议通过　根据 2009 年 8 月 27 日第十一届全国人民代表大会常务委员会第十次会议《关于修改部分法律的决定》第一次修正　根据 2014 年 8 月 31 日第十二届全国人民代表大会常务委员会第十次会议《关于修改〈中华人民共和国安全生产法〉的决定》第二次修正　根据 2021 年 6 月 10 日第十三届全国人民代表大会常务委员会第二十九次会议《关于修改〈中华人民共和国安全生产法〉的决定》第三次修正）

## 目　　录



## 第一章　总　　则

**第一条**　为了加强安全生产工作，防止和减少生产安全事故，保障人民群众生命和财产安全，促进经济社会持续健康发展,制定本法。

**第二条** 在中华人民共和国领域内从事生产经营活动的单位(以下统称生产经营单位)的安全生产,适用本法;有关法律、行政法规对消防安全和道路交通安全、铁路交通安全、水上交通安全、民用航空安全以及核与辐射安全、特种设备安全另有规定的,适用其规定。

**第三条** 安全生产工作坚持中国共产党的领导。

安全生产工作应当以人为本,坚持人民至上、生命至上,把保护人民生命安全摆在首位,树牢安全发展理念,坚持安全第一、预防为主、综合治理的方针,从源头上防范化解重大安全风险。

安全生产工作实行管行业必须管安全、管业务必须管安全、管生产经营必须管安全,强化和落实生产经营单位主体责任与政府监管责任,建立生产经营单位负责、职工参与、政府监管、行业自律和社会监督的机制。

**第四条** 生产经营单位必须遵守本法和其他有关安全生产的法律、法规,加强安全生产管理,建立健全全员安全生产责任制和安全生产规章制度,加大对安全生产资金、物资、技术、人员的投入保障力度,改善安全生产条件,加强安全生产标准化、信息化建设,构建安全风险分级管控和隐患排查治理双重预防机制,健全风险防范化解机制,提高安全生产水平,确保安全生产。

平台经济等新兴行业、领域的生产经营单位应当根据本行业、领域的特点,建立健全并落实全员安全生产责任制,加强从业人员安全生产教育和培训,履行本法和其他法律、法规规定的有关安全生产义务。

**第五条**　生产经营单位的主要负责人是本单位安全生产第一责任人，对本单位的安全生产工作全面负责。其他负责人对职责范围内的安全生产工作负责。

**第六条**　生产经营单位的从业人员有依法获得安全生产保障的权利，并应当依法履行安全生产方面的义务。

**第七条**　工会依法对安全生产工作进行监督。

生产经营单位的工会依法组织职工参加本单位安全生产工作的民主管理和民主监督，维护职工在安全生产方面的合法权益。生产经营单位制定或者修改有关安全生产的规章制度，应当听取工会的意见。

**第八条**　国务院和县级以上地方各级人民政府应当根据国民经济和社会发展规划制定安全生产规划，并组织实施。安全生产规划应当与国土空间规划等相关规划相衔接。

各级人民政府应当加强安全生产基础设施建设和安全生产监管能力建设，所需经费列入本级预算。

县级以上地方各级人民政府应当组织有关部门建立完善安全风险评估与论证机制，按照安全风险管控要求，进行产业规划和空间布局，并对位置相邻、行业相近、业态相似的生产经营单位实施重大安全风险联防联控。

**第九条**　国务院和县级以上地方各级人民政府应当加强对安全生产工作的领导，建立健全安全生产工作协调机制，支持、督促各有关部门依法履行安全生产监督管理职责，及时协调、解决安全生产监督管理中存在的重大问题。

乡镇人民政府和街道办事处，以及开发区、工业园区、港区、风景区等应当明确负责安全生产监督管理的有关工作机构及其职责，加强安全生产监管力量建设，按照职责对本行政区域或者管理区域内生产经营单位安全生产状况进行监督检查，协助人民政府有关部门或者按照授权依法履行安全生产监督管理职责。

**第十条** 国务院应急管理部门依照本法，对全国安全生产工作实施综合监督管理；县级以上地方各级人民政府应急管理部门依照本法，对本行政区域内安全生产工作实施综合监督管理。

国务院交通运输、住房和城乡建设、水利、民航等有关部门依照本法和其他有关法律、行政法规的规定，在各自的职责范围内对有关行业、领域的安全生产工作实施监督管理；县级以上地方各级人民政府有关部门依照本法和其他有关法律、法规的规定，在各自的职责范围内对有关行业、领域的安全生产工作实施监督管理。对新兴行业、领域的安全生产监督管理职责不明确的，由县级以上地方各级人民政府按照业务相近的原则确定监督管理部门。

应急管理部门和对有关行业、领域的安全生产工作实施监督管理的部门，统称负有安全生产监督管理职责的部门。负有安全生产监督管理职责的部门应当相互配合、齐抓共管、信息共享、资源共用，依法加强安全生产监督管理工作。

**第十一条** 国务院有关部门应当按照保障安全生产的要求，依法及时制定有关的国家标准或者行业标准，并根据科技进步和经济发展适时修订。

生产经营单位必须执行依法制定的保障安全生产的国家标准或者行业标准。

**第十二条** 国务院有关部门按照职责分工负责安全生产强制性国家标准的项目提出、组织起草、征求意见、技术审查。国务院应急管理部门统筹提出安全生产强制性国家标准的立项计划。国务院标准化行政主管部门负责安全生产强制性国家标准的立项、编号、对外通报和授权批准发布工作。国务院标准化行政主管部门、有关部门依据法定职责对安全生产强制性国家标准的实施进行监督检查。

**第十三条**　各级人民政府及其有关部门应当采取多种形式,加强对有关安全生产的法律、法规和安全生产知识的宣传,增强全社会的安全生产意识。

**第十四条**　有关协会组织依照法律、行政法规和章程,为生产经营单位提供安全生产方面的信息、培训等服务,发挥自律作用,促进生产经营单位加强安全生产管理。

**第十五条**　依法设立的为安全生产提供技术、管理服务的机构,依照法律、行政法规和执业准则,接受生产经营单位的委托为其安全生产工作提供技术、管理服务。

生产经营单位委托前款规定的机构提供安全生产技术、管理服务的,保证安全生产的责任仍由本单位负责。

**第十六条**　国家实行生产安全事故责任追究制度,依照本法和有关法律、法规的规定,追究生产安全事故责任单位和责任人员的法律责任。

**第十七条**　县级以上各级人民政府应当组织负有安全生产监督管理职责的部门依法编制安全生产权力和责任清单,公开并接受社会监督。

**第十八条**　国家鼓励和支持安全生产科学技术研究和安全生产先进技术的推广应用,提高安全生产水平。

**第十九条**　国家对在改善安全生产条件、防止生产安全事故、参加抢险救护等方面取得显著成绩的单位和个人,给予奖励。

## 第二章　生产经营单位的安全生产保障

**第二十条**　生产经营单位应当具备本法和有关法律、行政法规和国家标准或者行业标准规定的安全生产条件；不具备安全生产条件的，不得从事生产经营活动。

**第二十一条**　生产经营单位的主要负责人对本单位安全生产工作负有下列职责：

（一）建立健全并落实本单位全员安全生产责任制，加强安全生产标准化建设；

（二）组织制定并实施本单位安全生产规章制度和操作规程；

（三）组织制定并实施本单位安全生产教育和培训计划；

（四）保证本单位安全生产投入的有效实施；

（五）组织建立并落实安全风险分级管控和隐患排查治理双重预防工作机制，督促、检查本单位的安全生产工作，及时消除生产安全事故隐患；

（六）组织制定并实施本单位的生产安全事故应急救援预案；

（七）及时、如实报告生产安全事故。

**第二十二条**　生产经营单位的全员安全生产责任制应当明确各岗位的责任人员、责任范围和考核标准等内容。

生产经营单位应当建立相应的机制，加强对全员安全生产责任制落实情况的监督考核，保证全员安全生产责任制的落实。

**第二十三条**　生产经营单位应当具备的安全生产条件所必需的资金投入，由生产经营单位的决策机构、主要负责人或者个人经营的投资人予以保证，并对由于安全生产所必需的资金投入不足导致的后果承担责任。

有关生产经营单位应当按照规定提取和使用安全生产费用，专门用于改善安全生产条件。安全生产费用在成本中据实列支。安全生产费用提取、使用和监督管理的具体办法由国务院财政部门会同国务院应急管理部门征求国务院有关部门意见后制定。

**第二十四条**　矿山、金属冶炼、建筑施工、运输单位和危险物品的生产、经营、储存、装卸单位，应当设置安全生产管理机构或者配备专职安全生产管理人员。

前款规定以外的其他生产经营单位，从业人员超过一百人的，应当设置安全生产管理机构或者配备专职安全生产管理人员；从业人员在一百人以下的，应当配备专职或者兼职的安全生产管理人员。

**第二十五条**　生产经营单位的安全生产管理机构以及安全生产管理人员履行下列职责：

（一）组织或者参与拟订本单位安全生产规章制度、操作规程和生产安全事故应急救援预案；

（二）组织或者参与本单位安全生产教育和培训，如实记录安全生产教育和培训情况；

（三）组织开展危险源辨识和评估，督促落实本单位重大危险源的安全管理措施；

（四）组织或者参与本单位应急救援演练；

（五）检查本单位的安全生产状况，及时排查生产安全事故隐患，提出改进安全生产管理的建议；

（六）制止和纠正违章指挥、强令冒险作业、违反操作规程的行为；

（七）督促落实本单位安全生产整改措施。

生产经营单位可以设置专职安全生产分管负责人，协助本单位主要负责人履行安全生产管理职责。

**第二十六条** 生产经营单位的安全生产管理机构以及安全生产管理人员应当恪尽职守，依法履行职责。

生产经营单位作出涉及安全生产的经营决策，应当听取安全生产管理机构以及安全生产管理人员的意见。

生产经营单位不得因安全生产管理人员依法履行职责而降低其工资、福利等待遇或者解除与其订立的劳动合同。

危险物品的生产、储存单位以及矿山、金属冶炼单位的安全生产管理人员的任免，应当告知主管的负有安全生产监督管理职责的部门。

**第二十七条** 生产经营单位的主要负责人和安全生产管理人员必须具备与本单位所从事的生产经营活动相应的安全生产知识和管理能力。

危险物品的生产、经营、储存、装卸单位以及矿山、金属冶炼、建筑施工、运输单位的主要负责人和安全生产管理人员，应当由主管的负有安全生产监督管理职责的部门对其安全生产知识和管理能力考核合格。考核不得收费。

危险物品的生产、储存、装卸单位以及矿山、金属冶炼单位应当有注册安全工程师从事安全生产管理工作。鼓励其他生产经营单位聘用注册安全工程师从事安全生产管理工作。注册安全工程师按专业分类管理，具体办法由国务院人力资源和社会保障部门、国务院应急管理部门会同国务院有关部门制定。

**第二十八条**　生产经营单位应当对从业人员进行安全生产教育和培训,保证从业人员具备必要的安全生产知识,熟悉有关的安全生产规章制度和安全操作规程,掌握本岗位的安全操作技能,了解事故应急处理措施,知悉自身在安全生产方面的权利和义务。未经安全生产教育和培训合格的从业人员,不得上岗作业。

生产经营单位使用被派遣劳动者的,应当将被派遣劳动者纳入本单位从业人员统一管理,对被派遣劳动者进行岗位安全操作规程和安全操作技能的教育和培训。劳务派遣单位应当对被派遣劳动者进行必要的安全生产教育和培训。

生产经营单位接收中等职业学校、高等学校学生实习的,应当对实习学生进行相应的安全生产教育和培训,提供必要的劳动防护用品。学校应当协助生产经营单位对实习学生进行安全生产教育和培训。

生产经营单位应当建立安全生产教育和培训档案,如实记录安全生产教育和培训的时间、内容、参加人员以及考核结果等情况。

**第二十九条**　生产经营单位采用新工艺、新技术、新材料或者使用新设备,必须了解、掌握其安全技术特性,采取有效的安全防护措施,并对从业人员进行专门的安全生产教育和培训。

**第三十条**　生产经营单位的特种作业人员必须按照国家有关规定经专门的安全作业培训,取得相应资格,方可上岗作业。

特种作业人员的范围由国务院应急管理部门会同国务院有关部门确定。

**第三十一条** 生产经营单位新建、改建、扩建工程项目(以下统称建设项目)的安全设施,必须与主体工程同时设计、同时施工、同时投入生产和使用。安全设施投资应当纳入建设项目概算。

**第三十二条** 矿山、金属冶炼建设项目和用于生产、储存、装卸危险物品的建设项目,应当按照国家有关规定进行安全评价。

**第三十三条** 建设项目安全设施的设计人、设计单位应当对安全设施设计负责。

矿山、金属冶炼建设项目和用于生产、储存、装卸危险物品的建设项目的安全设施设计应当按照国家有关规定报经有关部门审查,审查部门及其负责审查的人员对审查结果负责。

**第三十四条** 矿山、金属冶炼建设项目和用于生产、储存、装卸危险物品的建设项目的施工单位必须按照批准的安全设施设计施工,并对安全设施的工程质量负责。

矿山、金属冶炼建设项目和用于生产、储存、装卸危险物品的建设项目竣工投入生产或者使用前,应当由建设单位负责组织对安全设施进行验收;验收合格后,方可投入生产和使用。负有安全生产监督管理职责的部门应当加强对建设单位验收活动和验收结果的监督核查。

**第三十五条** 生产经营单位应当在有较大危险因素的生产经营场所和有关设施、设备上,设置明显的安全警示标志。

**第三十六条** 安全设备的设计、制造、安装、使用、检测、维修、改造和报废,应当符合国家标准或者行业标准。

生产经营单位必须对安全设备进行经常性维护、保养,并定期检测,保证正常运转。维护、保养、检测应当作好记录,并由有关人员签字。

生产经营单位不得关闭、破坏直接关系生产安全的监控、报警、防护、救生设备、设施，或者篡改、隐瞒、销毁其相关数据、信息。

餐饮等行业的生产经营单位使用燃气的，应当安装可燃气体报警装置，并保障其正常使用。

**第三十七条**　生产经营单位使用的危险物品的容器、运输工具，以及涉及人身安全、危险性较大的海洋石油开采特种设备和矿山井下特种设备，必须按照国家有关规定，由专业生产单位生产，并经具有专业资质的检测、检验机构检测、检验合格，取得安全使用证或者安全标志，方可投入使用。检测、检验机构对检测、检验结果负责。

**第三十八条**　国家对严重危及生产安全的工艺、设备实行淘汰制度，具体目录由国务院应急管理部门会同国务院有关部门制定并公布。法律、行政法规对目录的制定另有规定的，适用其规定。

省、自治区、直辖市人民政府可以根据本地区实际情况制定并公布具体目录，对前款规定以外的危及生产安全的工艺、设备予以淘汰。

生产经营单位不得使用应当淘汰的危及生产安全的工艺、设备。

**第三十九条**　生产、经营、运输、储存、使用危险物品或者处置废弃危险物品的，由有关主管部门依照有关法律、法规的规定和国家标准或者行业标准审批并实施监督管理。

生产经营单位生产、经营、运输、储存、使用危险物品或者处置废弃危险物品，必须执行有关法律、法规和国家标准或者行业标准，建立专门的安全管理制度，采取可靠的安全措施，接受有关主管部门依法实施的监督管理。

**第四十条**　生产经营单位对重大危险源应当登记建档，进行定期检测、评估、监控，并制定应急预案，告知从业人员和相关人员在紧急情况下应当采取的应急措施。

生产经营单位应当按照国家有关规定将本单位重大危险源及有关安全措施、应急措施报有关地方人民政府应急管理部门和有关部门备案。有关地方人民政府应急管理部门和有关部门应当通过相关信息系统实现信息共享。

**第四十一条**　生产经营单位应当建立安全风险分级管控制度，按照安全风险分级采取相应的管控措施。

生产经营单位应当建立健全并落实生产安全事故隐患排查治理制度，采取技术、管理措施，及时发现并消除事故隐患。事故隐患排查治理情况应当如实记录，并通过职工大会或者职工代表大会、信息公示栏等方式向从业人员通报。其中，重大事故隐患排查治理情况应当及时向负有安全生产监督管理职责的部门和职工大会或者职工代表大会报告。

县级以上地方各级人民政府负有安全生产监督管理职责的部门应当将重大事故隐患纳入相关信息系统，建立健全重大事故隐患治理督办制度，督促生产经营单位消除重大事故隐患。

**第四十二条**　生产、经营、储存、使用危险物品的车间、商店、仓库不得与员工宿舍在同一座建筑物内，并应当与员工宿舍保持安全距离。

生产经营场所和员工宿舍应当设有符合紧急疏散要求、标志明显、保持畅通的出口、疏散通道。禁止占用、锁闭、封堵生产经营场所或者员工宿舍的出口、疏散通道。

**第四十三条**　生产经营单位进行爆破、吊装、动火、临时用电以及国务院应急管理部门会同国务院有关部门规定的其他危险作业，应当安排专门人员进行现场安全管理，确保操作规程的遵守和安全措施的落实。

**第四十四条**　生产经营单位应当教育和督促从业人员严格执行本单位的安全生产规章制度和安全操作规程；并向从业人员如实告知作业场所和工作岗位存在的危险因素、防范措施以及事故应急措施。

生产经营单位应当关注从业人员的身体、心理状况和行为习惯，加强对从业人员的心理疏导、精神慰藉，严格落实岗位安全生产责任，防范从业人员行为异常导致事故发生。

**第四十五条**　生产经营单位必须为从业人员提供符合国家标准或者行业标准的劳动防护用品，并监督、教育从业人员按照使用规则佩戴、使用。

**第四十六条**　生产经营单位的安全生产管理人员应当根据本单位的生产经营特点，对安全生产状况进行经常性检查；对检查中发现的安全问题，应当立即处理；不能处理的，应当及时报告本单位有关负责人，有关负责人应当及时处理。检查及处理情况应当如实记录在案。

生产经营单位的安全生产管理人员在检查中发现重大事故隐患，依照前款规定向本单位有关负责人报告，有关负责人不及时处理的，安全生产管理人员可以向主管的负有安全生产监督管理职责的部门报告，接到报告的部门应当依法及时处理。

**第四十七条**　生产经营单位应当安排用于配备劳动防护

用品、进行安全生产培训的经费。

**第四十八条** 两个以上生产经营单位在同一作业区域内进行生产经营活动,可能危及对方生产安全的,应当签订安全生产管理协议,明确各自的安全生产管理职责和应当采取的安全措施,并指定专职安全生产管理人员进行安全检查与协调。

**第四十九条** 生产经营单位不得将生产经营项目、场所、设备发包或者出租给不具备安全生产条件或者相应资质的单位或者个人。

生产经营项目、场所发包或者出租给其他单位的,生产经营单位应当与承包单位、承租单位签订专门的安全生产管理协议,或者在承包合同、租赁合同中约定各自的安全生产管理职责;生产经营单位对承包单位、承租单位的安全生产工作统一协调、管理,定期进行安全检查,发现安全问题的,应当及时督促整改。

矿山、金属冶炼建设项目和用于生产、储存、装卸危险物品的建设项目的施工单位应当加强对施工项目的安全管理,不得倒卖、出租、出借、挂靠或者以其他形式非法转让施工资质,不得将其承包的全部建设工程转包给第三人或者将其承包的全部建设工程支解以后以分包的名义分别转包给第三人,不得将工程分包给不具备相应资质条件的单位。

**第五十条** 生产经营单位发生生产安全事故时,单位的主要负责人应当立即组织抢救,并不得在事故调查处理期间擅离职守。

**第五十一条** 生产经营单位必须依法参加工伤保险,为从业人员缴纳保险费。

国家鼓励生产经营单位投保安全生产责任保险;属于国家

规定的高危行业、领域的生产经营单位，应当投保安全生产责任保险。具体范围和实施办法由国务院应急管理部门会同国务院财政部门、国务院保险监督管理机构和相关行业主管部门制定。

## 第三章　从业人员的安全生产权利义务

**第五十二条**　生产经营单位与从业人员订立的劳动合同，应当载明有关保障从业人员劳动安全、防止职业危害的事项，以及依法为从业人员办理工伤保险的事项。

生产经营单位不得以任何形式与从业人员订立协议，免除或者减轻其对从业人员因生产安全事故伤亡依法应承担的责任。

**第五十三条**　生产经营单位的从业人员有权了解其作业场所和工作岗位存在的危险因素、防范措施及事故应急措施，有权对本单位的安全生产工作提出建议。

**第五十四条**　从业人员有权对本单位安全生产工作中存在的问题提出批评、检举、控告；有权拒绝违章指挥和强令冒险作业。

生产经营单位不得因从业人员对本单位安全生产工作提出批评、检举、控告或者拒绝违章指挥、强令冒险作业而降低其工资、福利等待遇或者解除与其订立的劳动合同。

**第五十五条**　从业人员发现直接危及人身安全的紧急情况时，有权停止作业或者在采取可能的应急措施后撤离作业场所。

生产经营单位不得因从业人员在前款紧急情况下停止作业或者采取紧急撤离措施而降低其工资、福利等待遇或者解除与其订立的劳动合同。

**第五十六条** 生产经营单位发生生产安全事故后,应当及时采取措施救治有关人员。

因生产安全事故受到损害的从业人员,除依法享有工伤保险外,依照有关民事法律尚有获得赔偿的权利的,有权提出赔偿要求。

**第五十七条** 从业人员在作业过程中,应当严格落实岗位安全责任,遵守本单位的安全生产规章制度和操作规程,服从管理,正确佩戴和使用劳动防护用品。

**第五十八条** 从业人员应当接受安全生产教育和培训,掌握本职工作所需的安全生产知识,提高安全生产技能,增强事故预防和应急处理能力。

**第五十九条** 从业人员发现事故隐患或者其他不安全因素,应当立即向现场安全生产管理人员或者本单位负责人报告;接到报告的人员应当及时予以处理。

**第六十条** 工会有权对建设项目的安全设施与主体工程同时设计、同时施工、同时投入生产和使用进行监督,提出意见。

工会对生产经营单位违反安全生产法律、法规,侵犯从业人员合法权益的行为,有权要求纠正;发现生产经营单位违章指挥、强令冒险作业或者发现事故隐患时,有权提出解决的建议,生产经营单位应当及时研究答复;发现危及从业人员生命安全的情况时,有权向生产经营单位建议组织从业人员撤离危险场所,生产经营单位必须立即作出处理。

工会有权依法参加事故调查,向有关部门提出处理意见,并要求追究有关人员的责任。

**第六十一条**　生产经营单位使用被派遣劳动者的，被派遣劳动者享有本法规定的从业人员的权利，并应当履行本法规定的从业人员的义务。

## 第四章　安全生产的监督管理

**第六十二条**　县级以上地方各级人民政府应当根据本行政区域内的安全生产状况，组织有关部门按照职责分工，对本行政区域内容易发生重大生产安全事故的生产经营单位进行严格检查。

应急管理部门应当按照分类分级监督管理的要求，制定安全生产年度监督检查计划，并按照年度监督检查计划进行监督检查，发现事故隐患，应当及时处理。

**第六十三条**　负有安全生产监督管理职责的部门依照有关法律、法规的规定，对涉及安全生产的事项需要审查批准（包括批准、核准、许可、注册、认证、颁发证照等，下同）或者验收的，必须严格依照有关法律、法规和国家标准或者行业标准规定的安全生产条件和程序进行审查；不符合有关法律、法规和国家标准或者行业标准规定的安全生产条件的，不得批准或者验收通过。对未依法取得批准或者验收合格的单位擅自从事有关活动的，负责行政审批的部门发现或者接到举报后应当立即予以取缔，并依法予以处理。对已经依法取得批准的单位，负责行政审批的部门发现其不再具备安全生产条件的，应当撤销原批准。

**第六十四条**　负有安全生产监督管理职责的部门对涉及安全生产的事项进行审查、验收，不得收取费用；不得要求接受审查、验收的单位购买其指定品牌或者指定生产、销售单位的安全设备、器材或者其他产品。

**第六十五条** 应急管理部门和其他负有安全生产监督管理职责的部门依法开展安全生产行政执法工作，对生产经营单位执行有关安全生产的法律、法规和国家标准或者行业标准的情况进行监督检查，行使以下职权：

（一）进入生产经营单位进行检查，调阅有关资料，向有关单位和人员了解情况；

（二）对检查中发现的安全生产违法行为，当场予以纠正或者要求限期改正；对依法应当给予行政处罚的行为，依照本法和其他有关法律、行政法规的规定作出行政处罚决定；

（三）对检查中发现的事故隐患，应当责令立即排除；重大事故隐患排除前或者排除过程中无法保证安全的，应当责令从危险区域内撤出作业人员，责令暂时停产停业或者停止使用相关设施、设备；重大事故隐患排除后，经审查同意，方可恢复生产经营和使用；

（四）对有根据认为不符合保障安全生产的国家标准或者行业标准的设施、设备、器材以及违法生产、储存、使用、经营、运输的危险物品予以查封或者扣押，对违法生产、储存、使用、经营危险物品的作业场所予以查封，并依法作出处理决定。

监督检查不得影响被检查单位的正常生产经营活动。

**第六十六条** 生产经营单位对负有安全生产监督管理职责的部门的监督检查人员（以下统称安全生产监督检查人员）依法履行监督检查职责，应当予以配合，不得拒绝、阻挠。

**第六十七条** 安全生产监督检查人员应当忠于职守，坚持原则，秉公执法。

安全生产监督检查人员执行监督检查任务时，必须出示有效的行政执法证件;对涉及被检查单位的技术秘密和业务秘密,应当为其保密。

**第六十八条**　安全生产监督检查人员应当将检查的时间、地点、内容、发现的问题及其处理情况,作出书面记录,并由检查人员和被检查单位的负责人签字;被检查单位的负责人拒绝签字的,检查人员应当将情况记录在案,并向负有安全生产监督管理职责的部门报告。

**第六十九条**　负有安全生产监督管理职责的部门在监督检查中,应当互相配合,实行联合检查;确需分别进行检查的,应当互通情况,发现存在的安全问题应当由其他有关部门进行处理的,应当及时移送其他有关部门并形成记录备查,接受移送的部门应当及时进行处理。

**第七十条**　负有安全生产监督管理职责的部门依法对存在重大事故隐患的生产经营单位作出停产停业、停止施工、停止使用相关设施或者设备的决定,生产经营单位应当依法执行,及时消除事故隐患。生产经营单位拒不执行,有发生生产安全事故的现实危险的,在保证安全的前提下,经本部门主要负责人批准,负有安全生产监督管理职责的部门可以采取通知有关单位停止供电、停止供应民用爆炸物品等措施,强制生产经营单位履行决定。通知应当采用书面形式,有关单位应当予以配合。

负有安全生产监督管理职责的部门依照前款规定采取停止供电措施,除有危及生产安全的紧急情形外,应当提前二十四小时通知生产经营单位。生产经营单位依法履行行政决定、采取相应措施消除事故隐患的,负有安全生产监督管理职责的部门应当及时解除前款规定的措施。

**第七十一条** 监察机关依照监察法的规定，对负有安全生产监督管理职责的部门及其工作人员履行安全生产监督管理职责实施监察。

**第七十二条** 承担安全评价、认证、检测、检验职责的机构应当具备国家规定的资质条件，并对其作出的安全评价、认证、检测、检验结果的合法性、真实性负责。资质条件由国务院应急管理部门会同国务院有关部门制定。

承担安全评价、认证、检测、检验职责的机构应当建立并实施服务公开和报告公开制度，不得租借资质、挂靠、出具虚假报告。

**第七十三条** 负有安全生产监督管理职责的部门应当建立举报制度，公开举报电话、信箱或者电子邮件地址等网络举报平台，受理有关安全生产的举报；受理的举报事项经调查核实后，应当形成书面材料；需要落实整改措施的，报经有关负责人签字并督促落实。对不属于本部门职责，需要由其他有关部门进行调查处理的，转交其他有关部门处理。

涉及人员死亡的举报事项，应当由县级以上人民政府组织核查处理。

**第七十四条** 任何单位或者个人对事故隐患或者安全生产违法行为，均有权向负有安全生产监督管理职责的部门报告或者举报。

因安全生产违法行为造成重大事故隐患或者导致重大事故，致使国家利益或者社会公共利益受到侵害的，人民检察院可以根据民事诉讼法、行政诉讼法的相关规定提起公益诉讼。

**第七十五条** 居民委员会、村民委员会发现其所在区域内的生产经营单位存在事故隐患或者安全生产违法行为时，应当向当地人民政府或者有关部门报告。

**第七十六条**　县级以上各级人民政府及其有关部门对报告重大事故隐患或者举报安全生产违法行为的有功人员,给予奖励。具体奖励办法由国务院应急管理部门会同国务院财政部门制定。

**第七十七条**　新闻、出版、广播、电影、电视等单位有进行安全生产公益宣传教育的义务,有对违反安全生产法律、法规的行为进行舆论监督的权利。

**第七十八条**　负有安全生产监督管理职责的部门应当建立安全生产违法行为信息库,如实记录生产经营单位及其有关从业人员的安全生产违法行为信息;对违法行为情节严重的生产经营单位及其有关从业人员,应当及时向社会公告,并通报行业主管部门、投资主管部门、自然资源主管部门、生态环境主管部门、证券监督管理机构以及有关金融机构。有关部门和机构应当对存在失信行为的生产经营单位及其有关从业人员采取加大执法检查频次、暂停项目审批、上调有关保险费率、行业或者职业禁入等联合惩戒措施,并向社会公示。

负有安全生产监督管理职责的部门应当加强对生产经营单位行政处罚信息的及时归集、共享、应用和公开,对生产经营单位作出处罚决定后七个工作日内在监督管理部门公示系统予以公开曝光,强化对违法失信生产经营单位及其有关从业人员的社会监督,提高全社会安全生产诚信水平。

## 第五章　生产安全事故的应急救援与调查处理

**第七十九条**　国家加强生产安全事故应急能力建设,在重点行业、领域建立应急救援基地和应急救援队伍,并由国家安全生产应急救援机构统一协调指挥；鼓励生产经营单位和其他社会力量建立应急救援队伍，配备相应的应急救援装备和物资，提高应急救援的专业化水平。

国务院应急管理部门牵头建立全国统一的生产安全事故应急救援信息系统，国务院交通运输、住房和城乡建设、水利、民航等有关部门和县级以上地方人民政府建立健全相关行业、领域、地区的生产安全事故应急救援信息系统，实现互联互通、信息共享，通过推行网上安全信息采集、安全监管和监测预警，提升监管的精准化、智能化水平。

**第八十条**　县级以上地方各级人民政府应当组织有关部门制定本行政区域内生产安全事故应急救援预案，建立应急救援体系。

乡镇人民政府和街道办事处，以及开发区、工业园区、港区、风景区等应当制定相应的生产安全事故应急救援预案，协助人民政府有关部门或者按照授权依法履行生产安全事故应急救援工作职责。

**第八十一条**　生产经营单位应当制定本单位生产安全事故应急救援预案，与所在地县级以上地方人民政府组织制定的生产安全事故应急救援预案相衔接，并定期组织演练。

**第八十二条**　危险物品的生产、经营、储存单位以及矿山、金属冶炼、城市轨道交通运营、建筑施工单位应当建立应急救援组织；生产经营规模较小的，可以不建立应急救援组织，但应当指定兼职的应急救援人员。

危险物品的生产、经营、储存、运输单位以及矿山、金属冶炼、城市轨道交通运营、建筑施工单位应当配备必要的应急救援器材、设备和物资，并进行经常性维护、保养，保证正常运转。

**第八十三条**　生产经营单位发生生产安全事故后,事故现场有关人员应当立即报告本单位负责人。

单位负责人接到事故报告后,应当迅速采取有效措施,组织抢救,防止事故扩大,减少人员伤亡和财产损失,并按照国家有关规定立即如实报告当地负有安全生产监督管理职责的部门,不得隐瞒不报、谎报或者迟报,不得故意破坏事故现场、毁灭有关证据。

**第八十四条**　负有安全生产监督管理职责的部门接到事故报告后,应当立即按照国家有关规定上报事故情况。负有安全生产监督管理职责的部门和有关地方人民政府对事故情况不得隐瞒不报、谎报或者迟报。

**第八十五条**　有关地方人民政府和负有安全生产监督管理职责的部门的负责人接到生产安全事故报告后,应当按照生产安全事故应急救援预案的要求立即赶到事故现场,组织事故抢救。

参与事故抢救的部门和单位应当服从统一指挥,加强协同联动,采取有效的应急救援措施,并根据事故救援的需要采取警戒、疏散等措施,防止事故扩大和次生灾害的发生,减少人员伤亡和财产损失。

事故抢救过程中应当采取必要措施,避免或者减少对环境造成的危害。

任何单位和个人都应当支持、配合事故抢救,并提供一切便利条件。

**第八十六条**　事故调查处理应当按照科学严谨、依法依规、实事求是、注重实效的原则,及时、准确地查清事故原因,查明事故性质和责任,评估应急处置工作,总结事故教训,提出整改措施,并对事故责任单位和人员提出处理建议。事故调查报告应当依法及时向社会公布。事故调查和处理的具体办法由国务院制定。

事故发生单位应当及时全面落实整改措施,负有安全生产监督管理职责的部门应当加强监督检查。

负责事故调查处理的国务院有关部门和地方人民政府应当在批复事故调查报告后一年内,组织有关部门对事故整改和防范措施落实情况进行评估,并及时向社会公开评估结果;对不履行职责导致事故整改和防范措施没有落实的有关单位和人员,应当按照有关规定追究责任。

**第八十七条** 生产经营单位发生生产安全事故,经调查确定为责任事故的,除了应当查明事故单位的责任并依法予以追究外,还应当查明对安全生产的有关事项负有审查批准和监督职责的行政部门的责任,对有失职、渎职行为的,依照本法第九十条的规定追究法律责任。

**第八十八条** 任何单位和个人不得阻挠和干涉对事故的依法调查处理。

**第八十九条** 县级以上地方各级人民政府应急管理部门应当定期统计分析本行政区域内发生生产安全事故的情况,并定期向社会公布。

## 第六章 法律责任

**第九十条** 负有安全生产监督管理职责的部门的工作人员,有下列行为之一的,给予降级或者撤职的处分;构成犯罪的,依照刑法有关规定追究刑事责任:

(一)对不符合法定安全生产条件的涉及安全生产的事项

予以批准或者验收通过的；

（二）发现未依法取得批准、验收的单位擅自从事有关活动或者接到举报后不予取缔或者不依法予以处理的；

（三）对已经依法取得批准的单位不履行监督管理职责，发现其不再具备安全生产条件而不撤销原批准或者发现安全生产违法行为不予查处的；

（四）在监督检查中发现重大事故隐患，不依法及时处理的。

负有安全生产监督管理职责的部门的工作人员有前款规定以外的滥用职权、玩忽职守、徇私舞弊行为的，依法给予处分；构成犯罪的，依照刑法有关规定追究刑事责任。

**第九十一条**　负有安全生产监督管理职责的部门，要求被审查、验收的单位购买其指定的安全设备、器材或者其他产品的，在对安全生产事项的审查、验收中收取费用的，由其上级机关或者监察机关责令改正，责令退还收取的费用；情节严重的，对直接负责的主管人员和其他直接责任人员依法给予处分。

**第九十二条**　承担安全评价、认证、检测、检验职责的机构出具失实报告的，责令停业整顿，并处三万元以上十万元以下的罚款；给他人造成损害的，依法承担赔偿责任。

承担安全评价、认证、检测、检验职责的机构租借资质、挂靠、出具虚假报告的，没收违法所得；违法所得在十万元以上的，并处违法所得二倍以上五倍以下的罚款，没有违法所得或者违法所得不足十万元的，单处或者并处十万元以上二十万元以下的罚款；对其直接负责的主管人员和其他直接责任人员处五万元以上十万元以下的罚款；给他人造成损害的，与生产经营单位承担连带赔偿责任；构成犯罪的，依照刑法有关规定追究刑事责任。

对有前款违法行为的机构及其直接责任人员，吊销其相应资质和资格，五年内不得从事安全评价、认证、检测、检验等工作；情节严重的，实行终身行业和职业禁入。

**第九十三条** 生产经营单位的决策机构、主要负责人或者个人经营的投资人不依照本法规定保证安全生产所必需的资金投入，致使生产经营单位不具备安全生产条件的，责令限期改正，提供必需的资金；逾期未改正的，责令生产经营单位停产停业整顿。

有前款违法行为，导致发生生产安全事故的，对生产经营单位的主要负责人给予撤职处分，对个人经营的投资人处二万元以上二十万元以下的罚款；构成犯罪的，依照刑法有关规定追究刑事责任。

**第九十四条** 生产经营单位的主要负责人未履行本法规定的安全生产管理职责的，责令限期改正，处二万元以上五万元以下的罚款；逾期未改正的，处五万元以上十万元以下的罚款，责令生产经营单位停产停业整顿。

生产经营单位的主要负责人有前款违法行为，导致发生生产安全事故的，给予撤职处分；构成犯罪的，依照刑法有关规定追究刑事责任。

生产经营单位的主要负责人依照前款规定受刑事处罚或者撤职处分的，自刑罚执行完毕或者受处分之日起，五年内不得担任任何生产经营单位的主要负责人；对重大、特别重大生产安全事故负有责任的，终身不得担任本行业生产经营单位的主要负责人。

**第九十五条** 生产经营单位的主要负责人未履行本法规

定的安全生产管理职责，导致发生生产安全事故的，由应急管理部门依照下列规定处以罚款：

（一）发生一般事故的，处上一年年收入百分之四十的罚款；

（二）发生较大事故的，处上一年年收入百分之六十的罚款；

（三）发生重大事故的，处上一年年收入百分之八十的罚款；

（四）发生特别重大事故的，处上一年年收入百分之一百的罚款。

**第九十六条** 生产经营单位的其他负责人和安全生产管理人员未履行本法规定的安全生产管理职责的，责令限期改正，处一万元以上三万元以下的罚款；导致发生生产安全事故的，暂停或者吊销其与安全生产有关的资格，并处上一年年收入百分之二十以上百分之五十以下的罚款；构成犯罪的，依照刑法有关规定追究刑事责任。

**第九十七条** 生产经营单位有下列行为之一的，责令限期改正，处十万元以下的罚款；逾期未改正的，责令停产停业整顿，并处十万元以上二十万元以下的罚款，对其直接负责的主管人员和其他直接责任人员处二万元以上五万元以下的罚款：

（一）未按照规定设置安全生产管理机构或者配备安全生产管理人员、注册安全工程师的；

（二）危险物品的生产、经营、储存、装卸单位以及矿山、金属冶炼、建筑施工、运输单位的主要负责人和安全生产管理人员未按照规定经考核合格的；

（三）未按照规定对从业人员、被派遣劳动者、实习学生进

行安全生产教育和培训,或者未按照规定如实告知有关的安全生产事项的;

(四)未如实记录安全生产教育和培训情况的;

(五)未将事故隐患排查治理情况如实记录或者未向从业人员通报的;

(六)未按照规定制定生产安全事故应急救援预案或者未定期组织演练的;

(七)特种作业人员未按照规定经专门的安全作业培训并取得相应资格,上岗作业的。

**第九十八条** 生产经营单位有下列行为之一的,责令停止建设或者停产停业整顿,限期改正,并处十万元以上五十万元以下的罚款,对其直接负责的主管人员和其他直接责任人员处二万元以上五万元以下的罚款;逾期未改正的,处五十万元以上一百万元以下的罚款,对其直接负责的主管人员和其他直接责任人员处五万元以上十万元以下的罚款;构成犯罪的,依照刑法有关规定追究刑事责任:

(一)未按照规定对矿山、金属冶炼建设项目或者用于生产、储存、装卸危险物品的建设项目进行安全评价的;

(二)矿山、金属冶炼建设项目或者用于生产、储存、装卸危险物品的建设项目没有安全设施设计或者安全设施设计未按照规定报经有关部门审查同意的;

(三)矿山、金属冶炼建设项目或者用于生产、储存、装卸危险物品的建设项目的施工单位未按照批准的安全设施设计施工的;

(四)矿山、金属冶炼建设项目或者用于生产、储存、装卸危险物品的建设项目竣工投入生产或者使用前,安全设施未经验收合格的。

**第九十九条**　生产经营单位有下列行为之一的，责令限期改正，处五万元以下的罚款；逾期未改正的，处五万元以上二十万元以下的罚款，对其直接负责的主管人员和其他直接责任人员处一万元以上二万元以下的罚款；情节严重的，责令停产停业整顿；构成犯罪的，依照刑法有关规定追究刑事责任：

（一）未在有较大危险因素的生产经营场所和有关设施、设备上设置明显的安全警示标志的；

（二）安全设备的安装、使用、检测、改造和报废不符合国家标准或者行业标准的；

（三）未对安全设备进行经常性维护、保养和定期检测的；

（四）关闭、破坏直接关系生产安全的监控、报警、防护、救生设备、设施，或者篡改、隐瞒、销毁其相关数据、信息的；

（五）未为从业人员提供符合国家标准或者行业标准的劳动防护用品的；

（六）危险物品的容器、运输工具，以及涉及人身安全、危险性较大的海洋石油开采特种设备和矿山井下特种设备未经具有专业资质的机构检测、检验合格，取得安全使用证或者安全标志，投入使用的；

（七）使用应当淘汰的危及生产安全的工艺、设备的；

（八）餐饮等行业的生产经营单位使用燃气未安装可燃气体报警装置的。

**第一百条**　未经依法批准，擅自生产、经营、运输、储存、使用危险物品或者处置废弃危险物品的，依照有关危险物品安全管理的法律、行政法规的规定予以处罚；构成犯罪的，依照刑法有关规定追究刑事责任。

**第一百零一条** 生产经营单位有下列行为之一的，责令限期改正，处十万元以下的罚款；逾期未改正的，责令停产停业整顿，并处十万元以上二十万元以下的罚款，对其直接负责的主管人员和其他直接责任人员处二万元以上五万元以下的罚款；构成犯罪的，依照刑法有关规定追究刑事责任：

（一）生产、经营、运输、储存、使用危险物品或者处置废弃危险物品，未建立专门安全管理制度、未采取可靠的安全措施的；

（二）对重大危险源未登记建档，未进行定期检测、评估、监控，未制定应急预案，或者未告知应急措施的；

（三）进行爆破、吊装、动火、临时用电以及国务院应急管理部门会同国务院有关部门规定的其他危险作业，未安排专门人员进行现场安全管理的；

（四）未建立安全风险分级管控制度或者未按照安全风险分级采取相应管控措施的；

（五）未建立事故隐患排查治理制度，或者重大事故隐患排查治理情况未按照规定报告的。

**第一百零二条** 生产经营单位未采取措施消除事故隐患的，责令立即消除或者限期消除，处五万元以下的罚款；生产经营单位拒不执行的，责令停产停业整顿，对其直接负责的主管人员和其他直接责任人员处五万元以上十万元以下的罚款；构成犯罪的，依照刑法有关规定追究刑事责任。

**第一百零三条** 生产经营单位将生产经营项目、场所、设备发包或者出租给不具备安全生产条件或者相应资质的单位或者个人的，责令限期改正，没收违法所得；违法所得十万元以上的，并处违法所得二倍以上五倍以下的罚款；没有违法所得或者违法所得不足十万元的，单处或者并处十万元以上二十万元以下的罚款；对其直接负责的主管人员和其他直接责任人员处一万元以上二万元以下的罚款；导致发生生产安全事故给他人造成损害的，与承包方、承租方承担连带赔偿责任。

生产经营单位未与承包单位、承租单位签订专门的安全生产管理协议或者未在承包合同、租赁合同中明确各自的安全生产管理职责，或者未对承包单位、承租单位的安全生产统一协调、管理的，责令限期改正，处五万元以下的罚款，对其直接负责的主管人员和其他直接责任人员处一万元以下的罚款；逾期未改正的，责令停产停业整顿。

矿山、金属冶炼建设项目和用于生产、储存、装卸危险物品的建设项目的施工单位未按照规定对施工项目进行安全管理的，责令限期改正，处十万元以下的罚款，对其直接负责的主管人员和其他直接责任人员处二万元以下的罚款；逾期未改正的，责令停产停业整顿。以上施工单位倒卖、出租、出借、挂靠或者以其他形式非法转让施工资质的，责令停产停业整顿，吊销资质证书，没收违法所得；违法所得十万元以上的，并处违法所得二倍以上五倍以下的罚款，没有违法所得或者违法所得不足十万元的，单处或者并处十万元以上二十万元以下的罚款；对其直接负责的主管人员和其他直接责任人员处五万元以上十万元以下的罚款；构成犯罪的，依照刑法有关规定追究刑事责任。

**第一百零四条**　两个以上生产经营单位在同一作业区域内进行可能危及对方安全生产的生产经营活动，未签订安全生产管理协议或者未指定专职安全生产管理人员进行安全检查与协调的，责令限期改正，处五万元以下的罚款，对其直接负责的主管人员和其他直接责任人员处一万元以下的罚款;逾期未改正的,责令停产停业。

**第一百零五条** 生产经营单位有下列行为之一的,责令限期改正,处五万元以下的罚款,对其直接负责的主管人员和其他直接责任人员处一万元以下的罚款;逾期未改正的,责令停产停业整顿;构成犯罪的,依照刑法有关规定追究刑事责任:

(一)生产、经营、储存、使用危险物品的车间、商店、仓库与员工宿舍在同一座建筑内,或者与员工宿舍的距离不符合安全要求的;

(二)生产经营场所和员工宿舍未设有符合紧急疏散需要、标志明显、保持畅通的出口、疏散通道,或者占用、锁闭、封堵生产经营场所或者员工宿舍出口、疏散通道的。

**第一百零六条** 生产经营单位与从业人员订立协议,免除或者减轻其对从业人员因生产安全事故伤亡依法应承担的责任的,该协议无效;对生产经营单位的主要负责人、个人经营的投资人处二万元以上十万元以下的罚款。

**第一百零七条** 生产经营单位的从业人员不落实岗位安全责任,不服从管理,违反安全生产规章制度或者操作规程的,由生产经营单位给予批评教育,依照有关规章制度给予处分;构成犯罪的,依照刑法有关规定追究刑事责任。

**第一百零八条** 违反本法规定,生产经营单位拒绝、阻碍负有安全生产监督管理职责的部门依法实施监督检查的,责令改正;拒不改正的,处二万元以上二十万元以下的罚款;对其直接负责的主管人员和其他直接责任人员处一万元以上二万元以下的罚款;构成犯罪的,依照刑法有关规定追究刑事责任。

**第一百零九条** 高危行业、领域的生产经营单位未按照国家规定投保安全生产责任保险的，责令限期改正，处五万元以上十万元以下的罚款；逾期未改正的，处十万元以上二十万元以下的罚款。

**第一百一十条**　生产经营单位的主要负责人在本单位发生生产安全事故时，不立即组织抢救或者在事故调查处理期间擅离职守或者逃匿的，给予降级、撤职的处分，并由应急管理部门处上一年年收入百分之六十至百分之一百的罚款；对逃匿的处十五日以下拘留；构成犯罪的，依照刑法有关规定追究刑事责任。

生产经营单位的主要负责人对生产安全事故隐瞒不报、谎报或者迟报的，依照前款规定处罚。

**第一百一十一条**　有关地方人民政府、负有安全生产监督管理职责的部门，对生产安全事故隐瞒不报、谎报或者迟报的，对直接负责的主管人员和其他直接责任人员依法给予处分；构成犯罪的，依照刑法有关规定追究刑事责任。

**第一百一十二条**　生产经营单位违反本法规定，被责令改正且受到罚款处罚，拒不改正的，负有安全生产监督管理职责的部门可以自作出责令改正之日的次日起，按照原处罚数额按日连续处罚。

**第一百一十三条**　生产经营单位存在下列情形之一的，负有安全生产监督管理职责的部门应当提请地方人民政府予以关闭，有关部门应当依法吊销其有关证照。生产经营单位主要负责人五年内不得担任任何生产经营单位的主要负责人；情节严重的，终身不得担任本行业生产经营单位的主要负责人：

（一）存在重大事故隐患，一百八十日内三次或者一年内四次受到本法规定的行政处罚的；

（二）经停产停业整顿，仍不具备法律、行政法规和国家标准或者行业标准规定的安全生产条件的；

（三）不具备法律、行政法规和国家标准或者行业标准规定的安全生产条件，导致发生重大、特别重大生产安全事故的；

（四）拒不执行负有安全生产监督管理职责的部门作出的停产停业整顿决定的。

**第一百一十四条** 发生生产安全事故，对负有责任的生产经营单位除要求其依法承担相应的赔偿等责任外，由应急管理部门依照下列规定处以罚款：

（一）发生一般事故的，处三十万元以上一百万元以下的罚款；

（二）发生较大事故的，处一百万元以上二百万元以下的罚款；

（三）发生重大事故的，处二百万元以上一千万元以下的罚款；

（四）发生特别重大事故的，处一千万元以上二千万元以下的罚款。

发生生产安全事故，情节特别严重、影响特别恶劣的，应急管理部门可以按照前款罚款数额的二倍以上五倍以下对负有责任的生产经营单位处以罚款。

**第一百一十五条** 本法规定的行政处罚，由应急管理部门和其他负有安全生产监督管理职责的部门按照职责分工决定；其中，根据本法第九十五条、第一百一十条、第一百一十四条的规定应当给予民航、铁路、电力行业的生产经营单位及其主要负责人行政处罚的，也可以由主管的负有安全生产监督管理职责的部门进行处罚。予以关闭的行政处罚，由负有安全生产监督管理职责的部门报请县级以上人民政府按照国务院规定的权限决定;给予拘留的行政处罚,由公安机关依照治安管理处罚的规定决定。

**第一百一十六条**　生产经营单位发生生产安全事故造成人员伤亡、他人财产损失的,应当依法承担赔偿责任;拒不承担或者其负责人逃匿的,由人民法院依法强制执行。

生产安全事故的责任人未依法承担赔偿责任,经人民法院依法采取执行措施后,仍不能对受害人给予足额赔偿的,应当继续履行赔偿义务;受害人发现责任人有其他财产的,可以随时请求人民法院执行。

## 第七章　附　　则

**第一百一十七条**　本法下列用语的含义:

危险物品,是指易燃易爆物品、危险化学品、放射性物品等能够危及人身安全和财产安全的物品。

重大危险源,是指长期地或者临时地生产、搬运、使用或者储存危险物品,且危险物品的数量等于或者超过临界量的单元(包括场所和设施)。

**第一百一十八条**　本法规定的生产安全一般事故、较大事故、重大事故、特别重大事故的划分标准由国务院规定。

国务院应急管理部门和其他负有安全生产监督管理职责的部门应当根据各自的职责分工,制定相关行业、领域重大危险源的辨识标准和重大事故隐患的判定标准。

**第一百一十九条**　本法自2002年11月1日起施行。

附录4

# 关于《中华人民共和国安全生产法（修正草案）》的说明

——2021年1月20日在第十三届全国人民代表大会常务委员会第二十五次会议上

应急管理部党委书记、副部长　黄明

全国人民代表大会常务委员会：

我受国务院委托，现对《中华人民共和国安全生产法（修正草案）》作说明。

## 一、修改的必要性

安全生产是关系人民群众生命财产安全的大事，是经济社会高质量发展的重要标志，是党和政府对人民利益高度负责的重要体现。党中央、国务院高度重视安全生产工作。习近平总书记多次作出重要指示，强调各级党委政府务必把安全生产摆到重要位置，统筹发展和安全，坚持人民至上、生命至上，树牢安全发展理念，严格落实安全生产责任制，强化风险防控，从根本上消除事故隐患，切实把确保人民生命安全放在第一位落到实处。李克强总理多次作出重要批示，要求压实各层级各环节责任，严格安全监管执法，强化安全风险防控和隐患排查治理，加强安全基础能力建设，坚决防范遏制重特大安全事故，保障人民群众生命财产安全。

《中华人民共和国安全生产法》（以下简称《安全生产法》）于2002年公布施行，2009年和2014年进行了两次修正，对预防和减少生产安全事故,保障人民群众生命财产安全发挥了重要作用,但新发展阶段、新发展理念、新发展格局对安全生产提出了更高的要求,需要对《安全生产法》进行修改完善。一是习近平总书记对加强安全生产工作作出一系列重要指示批示,2016 年 12 月,中共中央、国务院印发《关于推进安全生产领域改革发展的意见》,对安全生产工作的指导思想、基本原则、制度措施等作出新的重大部署,需要通过修法进一步贯彻落实。二是我国安全生产仍处于爬坡过坎期,过去长期积累的隐患集中暴露,新的风险不断涌现,需要通过修法进一步压实各方安全生产责任,有效防范化解重大安全风险。三是根据 2018 年深化党和国家机构改革方案,原国家安监总局的职责划入应急部,其他有关部门和职责也作了调整,需要通过修法对原来的法定职责进行修改。

2019 年 1 月,应急部向国务院报送了《〈中华人民共和国安全生产法〉修正案(草案送审稿)》。2019 年 1 月和 2020 年 2 月司法部先后两次征求有关部门、省级政府和部分研究机构、行业协会、企业的意见,并会同应急部进一步开展了实地调研、专家座谈、沟通协调,反复修改完善,形成了《中华人民共和国安全生产法(修正草案)》(以下简称草案)。草案已经 2020 年 11 月 25 日国务院第 115 次常务会议讨论通过。

**二、修改的总体思路**

草案在总体思路上主要把握以下三点:一是将习近平总书记关于安全生产工作一系列重要指示批示精神和党中央、国务院有关决策部署转化为法律规定,确保落地见效。二是强化企业安全生产主体责任,建立完善安全风险预防控制体系,加大违法处罚力度,提高违法成本,推进依法治理。三是完善政府安全监管体制机制和责任制度，强化基础保障能力，依靠法治力量推进安全生产治理体系和治理能力现代化。

三、修改的主要内容

（一）进一步完善安全生产工作的原则要求。为加强党对安全生产工作的领导，贯彻党的十九届五中全会精神，落实习近平总书记提出的“三个必须”原则，对有关内容作了修改完善，规定安全生产工作应当坚持中国共产党的领导，以人为本，坚持人民至上、生命至上，把保护人民生命安全摆在首位，树牢安全发展理念，坚持安全第一、预防为主、综合治理的方针，从源头上防范化解重大安全风险，实行管行业必须管安全、管业务必须管安全、管生产经营必须管安全。

（二）进一步强化和落实生产经营单位的主体责任。一是确保生产经营单位的安全生产责任制落实到位，规定生产经营单位应当建立健全全员安全生产责任制和安全生产规章制度，加大投入保障力度，改善安全生产条件，加强标准化建设，构建安全风险分级管控和隐患排查治理双重预防体系，健全风险防范化解机制。明确生产经营单位的主要负责人是本单位安全生产第一责任人，其他负责人对职责范围内的安全生产工作负责。二是强化预防措施，规定生产经营单位应当建立安全风险分级管控制度，按安全风险分级采取相应管控措施；重大事故隐患排查治理情况应当及时向有关部门报告。三是加大对从业人员心理疏导、精神慰藉等人文关怀和保护力度，防范行为异常导致事故发生。四是发挥市场机制的推动作用，要求属于国家规定的高危行业、领域的生产经营单位应当投保安全生产责任保险。

（三）进一步明确地方政府和有关部门的安全生产监督管

理职责。一是强化领导责任,规定各级人民政府应当加强安全生产基础设施和能力建设,所需经费列入本级预算;乡、镇人民政府和街道办事处,以及开发区、港区、风景区等应当明确负责安全监管的机构及其职责,加强监管力量建设,建立完善安全风险评估与论证机制,实施重大安全风险联防联控。二是厘清有关部门在安全生产强制性国家标准方面的职责,规定国务院有关部门分工负责安全生产强制性国家标准的有关工作,依据法定职责对强制性国家标准的实施进行监督检查。三是提升安全生产监管的信息化、智能化水平,监管部门之间应当对重大危险源及有关安全和应急措施备案信息实现信息共享。有关部门应当将重大事故隐患纳入相关信息系统,建立健全治理督办制度,督促消除重大事故隐患。国务院应急管理部门牵头建立全国统一的生产安全事故应急救援信息系统,有关部门和县级以上地方人民政府建立健全相关行业、领域、地区的事故应急救援信息系统,实现互联互通、信息共享,提升监管的精准化、智能化水平。

(四)进一步加大对生产经营单位及其负责人安全生产违法行为的处罚力度。一是在现行《安全生产法》规定的基础上,普遍提高了对违法行为的罚款数额。二是增加生产经营单位被责令改正且受到罚款处罚,拒不改正的,监管部门可以按日连续处罚。三是针对安全生产领域“屡禁不止、屡罚不改”等问题,加大对违法行为恶劣的生产经营单位关闭力度,依法吊销有关证照,对主要负责人实施职业禁入。四是加大对违法失信行为的联合惩戒和公开力度,规定监管部门发现生产经营单位未按规定履行公示义务的,予以联合惩戒;有关部门和机构对存在失信行为的单位及人员采取联合惩戒措施,并向社会公示。

草案和以上说明是否妥当,请审议。

附录 5

# 铁路安全管理条例

（中华人民共和国国务院令　第 639 号）

## 第一章　总　　则

**第一条**　为了加强铁路安全管理，保障铁路运输安全和畅通，保护人身安全和财产安全，制定本条例。

**第二条**　铁路安全管理坚持安全第一、预防为主、综合治理的方针。

**第三条**　国务院铁路行业监督管理部门负责全国铁路安全监督管理工作，国务院铁路行业监督管理部门设立的铁路监督管理机构负责辖区内的铁路安全监督管理工作。国务院铁路行业监督管理部门和铁路监督管理机构统称铁路监管部门。

国务院有关部门依照法律和国务院规定的职责，负责铁路安全管理的有关工作。

**第四条**　铁路沿线地方各级人民政府和县级以上地方人民政府有关部门应当按照各自职责，加强保障铁路安全的教育，落实护路联防责任制，防范和制止危害铁路安全的行为，协调和处理保障铁路安全的有关事项，做好保障铁路安全的有关工作。

**第五条**　从事铁路建设、运输、设备制造维修的单位应当加强安全管理，建立健全安全生产管理制度，落实企业安全生产主体责任，设置安全管理机构或者配备安全管理人员，执行保障生产安全和产品质量安全的国家标准、行业标准，加强对从业人员的安全教育培训，保证安全生产所必需的资金投入。

铁路建设、运输、设备制造维修单位的工作人员应当严格执行规章制度，实行标准化作业，保证铁路安全。

**第六条**　铁路监管部门、铁路运输企业等单位应当按照国家有关规定制定突发事件应急预案，并组织应急演练。

**第七条**　禁止扰乱铁路建设、运输秩序。禁止损坏或者非法占用铁路设施设备、铁路标志和铁路用地。

任何单位或者个人发现损坏或者非法占用铁路设施设备、铁路标志、铁路用地以及其他影响铁路安全的行为，有权报告铁路运输企业，或者向铁路监管部门、公安机关或者其他有关部门举报。接到报告的铁路运输企业、接到举报的部门应当根据各自职责及时处理。

对维护铁路安全作出突出贡献的单位或者个人，按照国家有关规定给予表彰奖励。

## 第二章　铁路建设质量安全

**第八条**　铁路建设工程的勘察、设计、施工、监理以及建设物资、设备的采购，应当依法进行招标。

**第九条**　从事铁路建设工程勘察、设计、施工、监理活动的单位应当依法取得相应资质，并在其资质等级许可的范围内从事铁路工程建设活动。

**第十条**　铁路建设单位应当选择具备相应资质等级的勘察、设计、施工、监理单位进行工程建设，并对建设工程的质量安全进行监督检查，制作检查记录留存备查。

**第十一条**　铁路建设工程的勘察、设计、施工、监理应当遵守法律、行政法规关于建设工程质量和安全管理的规定，执行国家标准、行业标准和技术规范。

铁路建设工程的勘察、设计、施工单位依法对勘察、设计、施工的质量负责，监理单位依法对施工质量承担监理责任。

高速铁路和地质构造复杂的铁路建设工程实行工程地质勘察监理制度。

**第十二条** 铁路建设工程的安全设施应当与主体工程同时设计、同时施工、同时投入使用。安全设施投资应当纳入建设项目概算。

**第十三条** 铁路建设工程使用的材料、构件、设备等产品，应当符合有关产品质量的强制性国家标准、行业标准。

**第十四条** 铁路建设工程的建设工期，应当根据工程地质条件、技术复杂程度等因素，按照国家标准、行业标准和技术规范合理确定、调整。

任何单位和个人不得违反前款规定要求铁路建设、设计、施工单位压缩建设工期。

**第十五条** 铁路建设工程竣工，应当按照国家有关规定组织验收，并由铁路运输企业进行运营安全评估。经验收、评估合格，符合运营安全要求的，方可投入运营。

**第十六条** 在铁路线路及其邻近区域进行铁路建设工程施工，应当执行铁路营业线施工安全管理规定。铁路建设单位应当会同相关铁路运输企业和工程设计、施工单位制定安全施工方案，按照方案进行施工。施工完毕应当及时清理现场，不得影响铁路运营安全。

**第十七条** 新建、改建设计开行时速 120 公里以上列车的铁路或者设计运输量达到国务院铁路行业监督管理部门规定的较大运输量标准的铁路，需要与道路交叉的，应当设置立体交叉设施。

新建、改建高速公路、一级公路或者城市道路中的快速路，需要与铁路交叉的，应当设置立体交叉设施，并优先选择下穿铁路的方案。

已建成的属于前两款规定情形的铁路、道路为平面交叉的，应当逐步改造为立体交叉。

新建、改建高速铁路需要与普通铁路、道路、渡槽、管线等设施交叉的，应当优先选择高速铁路上跨方案。

**第十八条**　设置铁路与道路立体交叉设施及其附属安全设施所需费用的承担，按照下列原则确定：

（一）新建、改建铁路与既有道路交叉的，由铁路方承担建设费用；道路方要求超过既有道路建设标准建设所增加的费用，由道路方承担；

（二）新建、改建道路与既有铁路交叉的，由道路方承担建设费用；铁路方要求超过既有铁路线路建设标准建设所增加的费用，由铁路方承担；

（三）同步建设的铁路和道路需要设置立体交叉设施以及既有铁路道口改造为立体交叉的，由铁路方和道路方按照公平合理的原则分担建设费用。

**第十九条**　铁路与道路立体交叉设施及其附属安全设施竣工验收合格后，应当按照国家有关规定移交有关单位管理、维护。

**第二十条**　专用铁路、铁路专用线需要与公用铁路网接轨的，应当符合国家有关铁路建设、运输的安全管理规定。

## 第三章　铁路专用设备质量安全

**第二十一条**　设计、制造、维修或者进口新型铁路机车车辆，应当符合国家标准、行业标准，并分别向国务院铁路行业监督管理部门申请领取型号合格证、制造许可证、维修许可证或者进口许可证，具体办法由国务院铁路行业监督管理部门制定。

铁路机车车辆的制造、维修、使用单位应当遵守有关产品质量的法律、行政法规以及国家其他有关规定，确保投入使用的机车车辆符合安全运营要求。

**第二十二条** 生产铁路道岔及其转辙设备、铁路信号控制软件和控制设备、铁路通信设备、铁路牵引供电设备的企业，应当符合下列条件并经国务院铁路行业监督管理部门依法审查批准：

（一）有按照国家标准、行业标准检测、检验合格的专业生产设备；

（二）有相应的专业技术人员；

（三）有完善的产品质量保证体系和安全管理制度；

（四）法律、行政法规规定的其他条件。

**第二十三条** 铁路机车车辆以外的直接影响铁路运输安全的铁路专用设备，依法应当进行产品认证的，经认证合格方可出厂、销售、进口、使用。

**第二十四条** 用于危险化学品和放射性物品运输的铁路罐车、专用车辆以及其他容器的生产和检测、检验，依照有关法律、行政法规的规定执行。

**第二十五条** 用于铁路运输的安全检测、监控、防护设施设备，集装箱和集装化用具等运输器具，专用装卸机械、索具、篷布、装载加固材料或者装置，以及运输包装、货物装载加固等，应当符合国家标准、行业标准和技术规范。

**第二十六条**　铁路机车车辆以及其他铁路专用设备存在缺陷，即由于设计、制造、标识等原因导致同一批次、型号或者类别的铁路专用设备普遍存在不符合保障人身、财产安全的国家标准、行业标准的情形或者其他危及人身、财产安全的不合理危险的，应当立即停止生产、销售、进口、使用；设备制造者应当召回缺陷产品，采取措施消除缺陷。具体办法由国务院铁路行业监督管理部门制定。

## 第四章　铁路线路安全

**第二十七条**　铁路线路两侧应当设立铁路线路安全保护区。铁路线路安全保护区的范围，从铁路线路路堤坡脚、路堑坡顶或者铁路桥梁（含铁路、道路两用桥，下同）外侧起向外的距离分别为：

（一）城市市区高速铁路为 10 米，其他铁路为 8 米；

（二）城市郊区居民居住区高速铁路为 12 米，其他铁路为 10 米；

（三）村镇居民居住区高速铁路为 15 米，其他铁路为 12 米；

（四）其他地区高速铁路为 20 米，其他铁路为 15 米。

前款规定距离不能满足铁路运输安全保护需要的，由铁路建设单位或者铁路运输企业提出方案，铁路监督管理机构或者县级以上地方人民政府依照本条第三款规定程序划定。

在铁路用地范围内划定铁路线路安全保护区的，由铁路监督管理机构组织铁路建设单位或者铁路运输企业划定并公告。在铁路用地范围外划定铁路线路安全保护区的，由县级以上地方人民政府根据保障铁路运输安全和节约用地的原则，组织有关铁路监督管理机构、县级以上地方人民政府国土资源等部门划定并公告。

铁路线路安全保护区与公路建筑控制区、河道管理范围、水利工程管理和保护范围、航道保护范围或者石油、电力以及其他重要设施保护区重叠的，由县级以上地方人民政府组织有关部门依照法律、行政法规的规定协商划定并公告。

新建、改建铁路的铁路线路安全保护区范围，应当自铁路建设工程初步设计批准之日起30日内，由县级以上地方人民政府依照本条例的规定划定并公告。铁路建设单位或者铁路运输企业应当根据工程竣工资料进行勘界，绘制铁路线路安全保护区平面图，并根据平面图设立标桩。

**第二十八条** 设计开行时速120公里以上列车的铁路应当实行全封闭管理。铁路建设单位或者铁路运输企业应当按照国务院铁路行业监督管理部门的规定在铁路用地范围内设置封闭设施和警示标志。

**第二十九条** 禁止在铁路线路安全保护区内烧荒、放养牲畜、种植影响铁路线路安全和行车瞭望的树木等植物。

禁止向铁路线路安全保护区排污、倾倒垃圾以及其他危害铁路安全的物质。

**第三十条** 在铁路线路安全保护区内建造建筑物、构筑物等设施，取土、挖砂、挖沟、采空作业或者堆放、悬挂物品，应当征得铁路运输企业同意并签订安全协议，遵守保证铁路安全的国家标准、行业标准和施工安全规范，采取措施防止影响铁路运输安全。铁路运输企业应当派员对施工现场实行安全监督。

**第三十一条** 铁路线路安全保护区内既有的建筑物、构筑物危及铁路运输安全的，应当采取必要的安全防护措施；采取安全防护措施后仍不能保证安全的，依照有关法律的规定拆除。

拆除铁路线路安全保护区内的建筑物、构筑物，清理铁路线路安全保护区内的植物，或者对他人在铁路线路安全保护区内已依法取得的采矿权等合法权利予以限制，给他人造成损失的，应当依法给予补偿或者采取必要的补救措施。但是，拆除非法建设的建筑物、构筑物的除外。

**第三十二条**　在铁路线路安全保护区及其邻近区域建造或者设置的建筑物、构筑物、设备等，不得进入国家规定的铁路建筑限界。

**第三十三条**　在铁路线路两侧建造、设立生产、加工、储存或者销售易燃、易爆或者放射性物品等危险物品的场所、仓库，应当符合国家标准、行业标准规定的安全防护距离。

**第三十四条**　在铁路线路两侧从事采矿、采石或者爆破作业，应当遵守有关采矿和民用爆破的法律法规，符合国家标准、行业标准和铁路安全保护要求。

在铁路线路路堤坡脚、路堑坡顶、铁路桥梁外侧起向外各1000 米范围内，以及在铁路隧道上方中心线两侧各 1000 米范围内，确需从事露天采矿、采石或者爆破作业的，应当与铁路运输企业协商一致，依照有关法律法规的规定报县级以上地方人民政府有关部门批准，采取安全防护措施后方可进行。

**第三十五条**　高速铁路线路路堤坡脚、路堑坡顶或者铁路桥梁外侧起向外各 200 米范围内禁止抽取地下水。

在前款规定范围外，高速铁路线路经过的区域属于地面沉降区域，抽取地下水危及高速铁路安全的，应当设置地下水禁止开采区或者限制开采区，具体范围由铁路监督管理机构会同县级以上地方人民政府水行政主管部门提出方案，报省、自治区、直辖市人民政府批准并公告。

**第三十六条** 在电气化铁路附近从事排放粉尘、烟尘及腐蚀性气体的生产活动，超过国家规定的排放标准，危及铁路运输安全的，由县级以上地方人民政府有关部门依法责令整改，消除安全隐患。

**第三十七条** 任何单位和个人不得擅自在铁路桥梁跨越处河道上下游各1000米范围内围垦造田、拦河筑坝、架设浮桥或者修建其他影响铁路桥梁安全的设施。

因特殊原因确需在前款规定的范围内进行围垦造田、拦河筑坝、架设浮桥等活动的，应当进行安全论证，负责审批的机关在批准前应当征求有关铁路运输企业的意见。

**第三十八条** 禁止在铁路桥梁跨越处河道上下游的下列范围内采砂、淘金：

（一）跨河桥长500米以上的铁路桥梁，河道上游500米，下游3000米；

（二）跨河桥长100米以上不足500米的铁路桥梁，河道上游500米，下游2000米；

（三）跨河桥长不足100米的铁路桥梁，河道上游500米，下游1000米。

有关部门依法在铁路桥梁跨越处河道上下游划定的禁采范围大于前款规定的禁采范围的，按照划定的禁采范围执行。

县级以上地方人民政府水行政主管部门、国土资源主管部门应当按照各自职责划定禁采区域、设置禁采标志，制止非法采砂、淘金行为。

**第三十九条**　在铁路桥梁跨越处河道上下游各500米范围内进行疏浚作业，应当进行安全技术评价，有关河道、航道管理部门应当征求铁路运输企业的意见，确认安全或者采取安全技术措施后，方可批准进行疏浚作业。但是，依法进行河道、航道日常养护、疏浚作业的除外。

**第四十条**　铁路、道路两用桥由所在地铁路运输企业和道路管理部门或者道路经营企业定期检查、共同维护，保证桥梁处于安全的技术状态。

铁路、道路两用桥的墩、梁等共用部分的检测、维修由铁路运输企业和道路管理部门或者道路经营企业共同负责，所需费用按照公平合理的原则分担。

**第四十一条**　铁路的重要桥梁和隧道按照国家有关规定由中国人民武装警察部队负责守卫。

**第四十二条**　船舶通过铁路桥梁应当符合桥梁的通航净空高度并遵守航行规则。

桥区航标中的桥梁航标、桥柱标、桥梁水尺标由铁路运输企业负责设置、维护，水面航标由铁路运输企业负责设置，航道管理部门负责维护。

**第四十三条**　下穿铁路桥梁、涵洞的道路应当按照国家标准设置车辆通过限高、限宽标志和限高防护架。城市道路的限高、限宽标志由当地人民政府指定的部门设置并维护，公路的限高、限宽标志由公路管理部门设置并维护。限高防护架在铁路桥梁、涵洞、道路建设时设置，由铁路运输企业负责维护。

机动车通过下穿铁路桥梁、涵洞的道路，应当遵守限高、限宽规定。

下穿铁路涵洞的管理单位负责涵洞的日常管理、维护，防止淤塞、积水。

**第四十四条** 铁路线路安全保护区内的道路和铁路线路路堑上的道路、跨越铁路线路的道路桥梁，应当按照国家有关规定设置防止车辆以及其他物体进入、坠入铁路线路的安全防护设施和警示标志，并由道路管理部门或者道路经营企业维护、管理。

**第四十五条** 架设、铺设铁路信号和通信线路、杆塔应当符合国家标准、行业标准和铁路安全防护要求。铁路运输企业、为铁路运输提供服务的电信企业应当加强对铁路信号和通信线路、杆塔的维护和管理。

**第四十六条** 设置或者拓宽铁路道口、铁路人行过道，应当征得铁路运输企业的同意。

**第四十七条** 铁路与道路交叉的无人看守道口应当按照国家标准设置警示标志；有人看守道口应当设置移动栏杆、列车接近报警装置、警示灯、警示标志、铁路道口路段标线等安全防护设施。

道口移动栏杆、列车接近报警装置、警示灯等安全防护设施由铁路运输企业设置、维护；警示标志、铁路道口路段标线由铁路道口所在地的道路管理部门设置、维护。

**第四十八条** 机动车或者非机动车在铁路道口内发生故障或者装载物掉落的，应当立即将故障车辆或者掉落的装载物移至铁路道口停止线以外或者铁路线路最外侧钢轨 5 米以外的安全地点。无法立即移至安全地点的，应当立即报告铁路道口看守人员；在无人看守道口，应当立即在道口两端采取措施拦停列车，并就近通知铁路车站或者公安机关。

**第四十九条**　履带车辆等可能损坏铁路设施设备的车辆、物体通过铁路道口,应当提前通知铁路道口管理单位,在其协助、指导下通过,并采取相应的安全防护措施。

**第五十条**　在下列地点,铁路运输企业应当按照国家标准、行业标准设置易于识别的警示、保护标志:

(一)铁路桥梁、隧道的两端;

(二)铁路信号、通信光(电)缆的埋设、铺设地点;

(三)电气化铁路接触网、自动闭塞供电线路和电力贯通线路等电力设施附近易发生危险的地点。

**第五十一条**　禁止毁坏铁路线路、站台等设施设备和铁路路基、护坡、排水沟、防护林木、护坡草坪、铁路线路封闭网及其他铁路防护设施。

**第五十二条**　禁止实施下列危及铁路通信、信号设施安全的行为:

(一)在埋有地下光(电)缆设施的地面上方进行钻探,堆放重物、垃圾,焚烧物品,倾倒腐蚀性物质;

(二)在地下光(电)缆两侧各 1 米的范围内建造、搭建建筑物、构筑物等设施;

(三)在地下光(电)缆两侧各 1 米的范围内挖砂、取土;

(四)在过河光(电)缆两侧各 100 米的范围内挖砂、抛锚或者进行其他危及光(电)缆安全的作业。

**第五十三条**　禁止实施下列危害电气化铁路设施的行为:

(一)向电气化铁路接触网抛掷物品;

(二)在铁路电力线路导线两侧各 500 米的范围内升放风筝、气球等低空飘浮物体;

(三)攀登铁路电力线路杆塔或者在杆塔上架设、安装其他设施设备；

（四）在铁路电力线路杆塔、拉线周围20米范围内取土、打桩、钻探或者倾倒有害化学物品；

（五）触碰电气化铁路接触网。

**第五十四条** 县级以上各级人民政府及其有关部门、铁路运输企业应当依照地质灾害防治法律法规的规定，加强铁路沿线地质灾害的预防、治理和应急处理等工作。

**第五十五条** 铁路运输企业应当对铁路线路、铁路防护设施和警示标志进行经常性巡查和维护；对巡查中发现的安全问题应当立即处理，不能立即处理的应当及时报告铁路监督管理机构。巡查和处理情况应当记录留存。

## 第五章 铁路运营安全

**第五十六条** 铁路运输企业应当依照法律、行政法规和国务院铁路行业监督管理部门的规定，制定铁路运输安全管理制度，完善相关作业程序，保障铁路旅客和货物运输安全。

**第五十七条** 铁路机车车辆的驾驶人员应当参加国务院铁路行业监督管理部门组织的考试，考试合格方可上岗。具体办法由国务院铁路行业监督管理部门制定。

**第五十八条** 铁路运输企业应当加强铁路专业技术岗位和主要行车工种岗位从业人员的业务培训和安全培训，提高从业人员的业务技能和安全意识。

**第五十九条** 铁路运输企业应当加强运输过程中的安全防护，使用的运输工具、装载加固设备以及其他专用设施设备应当符合国家标准、行业标准和安全要求。

**第六十条** 铁路运输企业应当建立健全铁路设施设备的

检查防护制度，加强对铁路设施设备的日常维护检修，确保铁路设施设备性能完好和安全运行。

铁路运输企业的从业人员应当按照操作规程使用、管理铁路设施设备。

**第六十一条** 在法定假日和传统节日等铁路运输高峰期或者恶劣气象条件下，铁路运输企业应当采取必要的安全应急管理措施，加强铁路运输安全检查，确保运输安全。

**第六十二条** 铁路运输企业应当在列车、车站等场所公告旅客、列车工作人员以及其他进站人员遵守的安全管理规定。

**第六十三条** 公安机关应当按照职责分工，维护车站、列车等铁路场所和铁路沿线的治安秩序。

**第六十四条** 铁路运输企业应当按照国务院铁路行业监督管理部门的规定实施火车票实名购买、查验制度。

实施火车票实名购买、查验制度的，旅客应当凭有效身份证件购票乘车；对车票所记载身份信息与所持身份证件或者真实身份不符的持票人，铁路运输企业有权拒绝其进站乘车。

铁路运输企业应当采取有效措施为旅客实名购票、乘车提供便利，并加强对旅客身份信息的保护。铁路运输企业工作人员不得窃取、泄露旅客身份信息。

**第六十五条** 铁路运输企业应当依照法律、行政法规和国务院铁路行业监督管理部门的规定，对旅客及其随身携带、托运的行李物品进行安全检查。

从事安全检查的工作人员应当佩戴安全检查标志，依法履行安全检查职责，并有权拒绝不接受安全检查的旅客进站乘车和托运行李物品。

**第六十六条** 旅客应当接受并配合铁路运输企业在车站、列车实施的安全检查，不得违法携带、夹带管制器具，不得违法携带、托运烟花爆竹、枪支弹药等危险物品或者其他违禁物品。

禁止或者限制携带的物品种类及其数量由国务院铁路行业监督管理部门会同公安机关规定，并在车站、列车等场所公布。

**第六十七条** 铁路运输托运人托运货物、行李、包裹，不得有下列行为：

（一）匿报、谎报货物品名、性质、重量；

（二）在普通货物中夹带危险货物，或者在危险货物中夹带禁止配装的货物；

（三）装车、装箱超过规定重量。

**第六十八条** 铁路运输企业应当对承运的货物进行安全检查，并不得有下列行为：

（一）在非危险货物办理站办理危险货物承运手续；

（二）承运未接受安全检查的货物；

（三）承运不符合安全规定、可能危害铁路运输安全的货物。

**第六十九条** 运输危险货物应当依照法律法规和国家其他有关规定使用专用的设施设备，托运人应当配备必要的押运人员和应急处理器材、设备以及防护用品，并使危险货物始终处于押运人员的监管之下；危险货物发生被盗、丢失、泄漏等情况，应当按照国家有关规定及时报告。

**第七十条** 办理危险货物运输业务的工作人员和装卸人

员、押运人员，应当掌握危险货物的性质、危害特性、包装容器的使用特性和发生意外的应急措施。

**第七十一条** 铁路运输企业和托运人应当按照操作规程包装、装卸、运输危险货物，防止危险货物泄漏、爆炸。

**第七十二条** 铁路运输企业和托运人应当依照法律法规和国家其他有关规定包装、装载、押运特殊药品，防止特殊药品在运输过程中被盗、被劫或者发生丢失。

**第七十三条** 铁路管理信息系统及其设施的建设和使用，应当符合法律法规和国家其他有关规定的安全技术要求。

铁路运输企业应当建立网络与信息安全应急保障体系，并配备相应的专业技术人员负责网络和信息系统的安全管理工作。

**第七十四条** 禁止使用无线电台（站）以及其他仪器、装置干扰铁路运营指挥调度无线电频率的正常使用。

铁路运营指挥调度无线电频率受到干扰的，铁路运输企业应当立即采取排查措施并报告无线电管理机构、铁路监管部门；无线电管理机构、铁路监管部门应当依法排除干扰。

**第七十五条** 电力企业应当依法保障铁路运输所需电力的持续供应，并保证供电质量。

铁路运输企业应当加强用电安全管理，合理配置供电电源和应急自备电源。

遇有特殊情况影响铁路电力供应的，电力企业和铁路运输企业应当按照各自职责及时组织抢修，尽快恢复正常供电。

**第七十六条** 铁路运输企业应当加强铁路运营食品安全管理，遵守有关食品安全管理的法律法规和国家其他有关规定，保证食品安全。

**第七十七条** 禁止实施下列危害铁路安全的行为：

（一）非法拦截列车、阻断铁路运输；

（二）扰乱铁路运输指挥调度机构以及车站、列车的正常秩序；

（三）在铁路线路上放置、遗弃障碍物；

（四）击打列车；

（五）擅自移动铁路线路上的机车车辆，或者擅自开启列车车门、违规操纵列车紧急制动设备；

（六）拆盗、损毁或者擅自移动铁路设施设备、机车车辆配件、标桩、防护设施和安全标志；

（七）在铁路线路上行走、坐卧或者在未设道口、人行过道的铁路线路上通过；

（八）擅自进入铁路线路封闭区域或者在未设置行人通道的铁路桥梁、隧道通行；

（九）擅自开启、关闭列车的货车阀、盖或者破坏施封状态；

（十）擅自开启列车中的集装箱箱门，破坏箱体、阀、盖或者施封状态；

（十一）擅自松动、拆解、移动列车中的货物装载加固材料、装置和设备；

（十二）钻车、扒车、跳车；

（十三）从列车上抛扔杂物；

（十四）在动车组列车上吸烟或者在其他列车的禁烟区域吸烟；

（十五）强行登乘或者以拒绝下车等方式强占列车；

（十六）冲击、堵塞、占用进出站通道或者候车区、站台。

## 第六章　监督检查

**第七十八条**　铁路监管部门应当对从事铁路建设、运输、设备制造维修的企业执行本条例的情况实施监督检查，依法查处违反本条例规定的行为，依法组织或者参与铁路安全事故的调查处理。

铁路监管部门应当建立企业违法行为记录和公告制度，对违反本条例被依法追究法律责任的从事铁路建设、运输、设备制造维修的企业予以公布。

**第七十九条**　铁路监管部门应当加强对铁路运输高峰期和恶劣气象条件下运输安全的监督管理，加强对铁路运输的关键环节、重要设施设备的安全状况以及铁路运输突发事件应急预案的建立和落实情况的监督检查。

**第八十条**　铁路监管部门和县级以上人民政府安全生产监督管理部门应当建立信息通报制度和运输安全生产协调机制。发现重大安全隐患，铁路运输企业难以自行排除的，应当及时向铁路监管部门和有关地方人民政府报告。地方人民政府获悉铁路沿线有危及铁路运输安全的重要情况，应当及时通报有关的铁路运输企业和铁路监管部门。

**第八十一条**　铁路监管部门发现安全隐患，应当责令有关单位立即排除。重大安全隐患排除前或者排除过程中无法保证安全的，应当责令从危险区域内撤出人员、设备，停止作业；重大安全隐患排除后方可恢复作业。

**第八十二条**　实施铁路安全监督检查的人员执行监督检查任务时，应当佩戴标志或者出示证件。任何单位和个人不得阻碍、干扰安全监督检查人员依法履行安全检查职责。

## 第七章　法律责任

**第八十三条**　铁路建设单位和铁路建设的勘察、设计、施工、监理单位违反本条例关于铁路建设质量安全管理的规定的，由铁路监管部门依照有关工程建设、招标投标管理的法律、行政法规的规定处罚。

**第八十四条**　铁路建设单位未对高速铁路和地质构造复杂的铁路建设工程实行工程地质勘察监理，或者在铁路线路及其邻近区域进行铁路建设工程施工不执行铁路营业线施工安全管理规定，影响铁路运营安全的，由铁路监管部门责令改正，处10万元以上50万元以下的罚款。

**第八十五条**　依法应当进行产品认证的铁路专用设备未经认证合格，擅自出厂、销售、进口、使用的，依照《中华人民共和国认证认可条例》的规定处罚。

**第八十六条**　铁路机车车辆以及其他专用设备制造者未按规定召回缺陷产品，采取措施消除缺陷的，由国务院铁路行业监督管理部门责令改正；拒不改正的，处缺陷产品货值金额1%以上10%以下的罚款；情节严重的，由国务院铁路行业监督管理部门吊销相应的许可证件。

**第八十七条**　有下列情形之一的，由铁路监督管理机构责令改正，处2万元以上10万元以下的罚款：

（一）用于铁路运输的安全检测、监控、防护设施设备，集装箱和集装化用具等运输器具、专用装卸机械、索具、篷布、装载加固材料或者装置、运输包装、货物装载加固等，不符合国家标准、行业标准和技术规范；

（二）不按照国家有关规定和标准设置、维护铁路封闭设施、安全防护设施；

（三）架设、铺设铁路信号和通信线路、杆塔不符合国家标准、行业标准和铁路安全防护要求，或者未对铁路信号和通信线路、杆塔进行维护和管理；

（四）运输危险货物不依照法律法规和国家其他有关规定使用专用的设施设备。

**第八十八条**　在铁路线路安全保护区内烧荒、放养牲畜、种植影响铁路线路安全和行车瞭望的树木等植物，或者向铁路线路安全保护区排污、倾倒垃圾以及其他危害铁路安全的物质的，由铁路监督管理机构责令改正，对单位可以处 5 万元以下的罚款，对个人可以处 2000 元以下的罚款。

**第八十九条**　未经铁路运输企业同意或者未签订安全协议，在铁路线路安全保护区内建造建筑物、构筑物等设施，取土、挖砂、挖沟、采空作业或者堆放、悬挂物品，或者违反保证铁路安全的国家标准、行业标准和施工安全规范，影响铁路运输安全的，由铁路监督管理机构责令改正，可以处 10 万元以下的罚款。

铁路运输企业未派员对铁路线路安全保护区内施工现场进行安全监督的，由铁路监督管理机构责令改正，可以处 3 万元以下的罚款。

**第九十条**　在铁路线路安全保护区及其邻近区域建造或者设置的建筑物、构筑物、设备等进入国家规定的铁路建筑限界，或者在铁路线路两侧建造、设立生产、加工、储存或者销售易燃、易爆或者放射性物品等危险物品的场所、仓库不符合国家标准、行业标准规定的安全防护距离的，由铁路监督管理机构责令改正，对单位处 5 万元以上 20 万元以下的罚款，对个人处 1 万元以上 5 万元以下的罚款。

**第九十一条** 有下列行为之一的，分别由铁路沿线所在地县级以上地方人民政府水行政主管部门、国土资源主管部门或者无线电管理机构等依照有关水资源管理、矿产资源管理、无线电管理等法律、行政法规的规定处罚：

（一）未经批准在铁路线路两侧各 1000 米范围内从事露天采矿、采石或者爆破作业；

（二）在地下水禁止开采区或者限制开采区抽取地下水；

（三）在铁路桥梁跨越处河道上下游各 1000 米范围内围垦造田、拦河筑坝、架设浮桥或者修建其他影响铁路桥梁安全的设施；

（四）在铁路桥梁跨越处河道上下游禁止采砂、淘金的范围内采砂、淘金；

（五）干扰铁路运营指挥调度无线电频率正常使用。

**第九十二条** 铁路运输企业、道路管理部门或者道路经营企业未履行铁路、道路两用桥检查、维护职责的，由铁路监督管理机构或者上级道路管理部门责令改正；拒不改正的，由铁路监督管理机构或者上级道路管理部门指定其他单位进行养护和维修，养护和维修费用由拒不履行义务的铁路运输企业、道路管理部门或者道路经营企业承担。

**第九十三条** 机动车通过下穿铁路桥梁、涵洞的道路未遵守限高、限宽规定的，由公安机关依照道路交通安全管理法律、行政法规的规定处罚。

**第九十四条** 违反本条例第四十八条、第四十九条关于铁路道口安全管理的规定的，由铁路监督管理机构责令改正，处 1000 元以上 5000 元以下的罚款。

**第九十五条**　违反本条例第五十一条、第五十二条、第五十三条、第七十七条规定的，由公安机关责令改正，对单位处1万元以上5万元以下的罚款，对个人处500元以上2000元以下的罚款。

**第九十六条**　铁路运输托运人托运货物、行李、包裹时匿报、谎报货物品名、性质、重量，或者装车、装箱超过规定重量的，由铁路监督管理机构责令改正，可以处2000元以下的罚款；情节较重的，处2000元以上2万元以下的罚款；将危险化学品谎报或者匿报为普通货物托运的，处10万元以上20万元以下的罚款。

铁路运输托运人在普通货物中夹带危险货物，或者在危险货物中夹带禁止配装的货物的，由铁路监督管理机构责令改正，处3万元以上20万元以下的罚款。

**第九十七条**　铁路运输托运人运输危险货物未配备必要的应急处理器材、设备、防护用品，或者未按照操作规程包装、装卸、运输危险货物的，由铁路监督管理机构责令改正，处1万元以上5万元以下的罚款。

**第九十八条**　铁路运输托运人运输危险货物不按照规定配备必要的押运人员，或者发生危险货物被盗、丢失、泄漏等情况不按照规定及时报告的，由公安机关责令改正，处1万元以上5万元以下的罚款。

**第九十九条**　旅客违法携带、夹带管制器具或者违法携带、托运烟花爆竹、枪支弹药等危险物品或者其他违禁物品的，由公安机关依法给予治安管理处罚。

**第一百条**　铁路运输企业有下列情形之一的，由铁路监管部门责令改正，处2万元以上10万元以下的罚款：

（一）在非危险货物办理站办理危险货物承运手续；

（二）承运未接受安全检查的货物；

（三）承运不符合安全规定、可能危害铁路运输安全的货物；

（四）未按照操作规程包装、装卸、运输危险货物。

**第一百零一条** 铁路监管部门及其工作人员应当严格按照本条例规定的处罚种类和幅度，根据违法行为的性质和具体情节行使行政处罚权，具体办法由国务院铁路行业监督管理部门制定。

**第一百零二条** 铁路运输企业工作人员窃取、泄露旅客身份信息的，由公安机关依法处罚。

**第一百零三条** 从事铁路建设、运输、设备制造维修的单位违反本条例规定，对直接负责的主管人员和其他直接责任人员依法给予处分。

**第一百零四条** 铁路监管部门及其工作人员不依照本条例规定履行职责的，对负有责任的领导人员和直接责任人员依法给予处分。

**第一百零五条** 违反本条例规定，给铁路运输企业或者其他单位、个人财产造成损失的，依法承担民事责任。

违反本条例规定，构成违反治安管理行为的，由公安机关依法给予治安管理处罚；构成犯罪的，依法追究刑事责任。

## 第八章　附　　则

**第一百零六条** 专用铁路、铁路专用线的安全管理参照本条例的规定执行。

**第一百零七条** 本条例所称高速铁路，是指设计开行时速

250 公里以上(含预留),并且初期运营时速 200 公里以上的客运列车专线铁路。

**第一百零八条**　本条例自 2014 年 1 月 1 日起施行。2004 年 12 月 27 日国务院公布的《铁路运输安全保护条例》同时废止。

附录 6

# 高速铁路安全防护管理办法

（中华人民共和国交通运输部令　2020 年第 8 号）

## 第一章　总　　则

**第一条**　为了加强高速铁路安全防护，防范铁路外部风险，保障高速铁路安全和畅通，维护人民生命财产安全，根据《中华人民共和国铁路法》《中华人民共和国安全生产法》《中华人民共和国反恐怖主义法》《铁路安全管理条例》等法律、行政法规，制定本办法。

**第二条**　本办法适用于设计开行时速 250 公里以上（含预留），并且初期运营时速 200 公里以上的客运列车专线铁路（以下称高速铁路）。

**第三条**　高速铁路安全防护坚持安全第一、预防为主、依法管理、综合治理的方针，坚持技防、物防、人防相结合，构建政府部门依法管理、企业实施主动防范、社会力量共同参与的综合治理格局。

**第四条**　国家铁路局负责全国高速铁路安全监督管理工作。地区铁路监督管理局负责辖区内的高速铁路安全监督管理工作。

国家铁路局和地区铁路监督管理局（以下统称铁路监管部门）应当按照法定职责，健全完善高速铁路安全防护标准，加强行政执法，协调相关单位及时消除危及高速铁路安全的隐患。

**第五条**　各级公安、自然资源、生态环境、住房和城乡建设、交通运输、水利、应急管理等部门和消防救援机构(以下统称相关部门)应当依照法定职责,协调和处理保障高速铁路安全的有关事项,做好保障高速铁路安全的相关工作,防范和制止危害高速铁路安全的行为。

**第六条** 从事高速铁路运输、建设、设备制造维修的相关企业应当落实安全生产主体责任,建立、健全安全生产责任制和高速铁路安全防护相关管理制度,执行国家关于高速铁路安全防护的相关标准,保障安全生产管理机构或者人员配备,加强对从业人员的教育培训,改善安全生产条件,保证高速铁路安全防护所必需的资金投入。

**第七条** 铁路监管部门、铁路运输企业等单位应当按照国家有关规定制定突发事件应急预案,并组织应急演练。

铁路运输企业应当按照《中华人民共和国突发事件应对法》等国家有关规定,在车站、列车等场所配备报警装置以及必要的应急救援设备设施和人员。

**第八条** 铁路监管部门、高速铁路沿线地方各级人民政府相关部门应当落实"谁执法谁普法"的普法责任制,加强保障高速铁路安全有关法律法规、安全生产知识的宣传教育,增强安全防护意识,防范危害高速铁路安全的行为。

**第九条** 支持和鼓励社会力量积极参与高速铁路安全防护工作,铁路监管部门和相关部门以及铁路运输企业应当建立并公开监督举报渠道,根据各自职责及时处理影响高速铁路安全的问题。

对维护高速铁路安全作出突出贡献的单位或者个人,按照有关规定给予表彰奖励。

## 第二章　线路安全防护

**第十条**　铁路监管部门应当推动协调相关部门、高速铁路沿线地方人民政府构建高速铁路综合治理体系，健全治安防控运行机制，落实高速铁路护路联防责任制。

**第十一条**　国家铁路局应当联合国务院相关部门和有关企业、地区铁路监督管理局应当联合地方人民政府及相关部门和有关企业，推动建立安全信息通报和问题督办机制，做到协调配合、齐抓共管、联防联控。

**第十二条**　高速铁路线路安全保护区的划定，按照《铁路安全管理条例》等法律、行政法规和国家有关规定执行。高速铁路线路安全保护区用地依法纳入国土空间规划统筹安排。

铁路建设单位或者铁路运输企业应当配合地区铁路监督管理局或者地方人民政府开展高速铁路线路安全保护区划定工作。地方人民政府组织划定高速铁路线路安全保护区的，高速铁路线路安全保护区划定并公告完成后，铁路建设单位或者铁路运输企业应当将相关资料提供给地区铁路监督管理局。

建设跨河、临河的高速铁路桥梁等工程设施并划定高速铁路线路安全保护区的，应当符合防洪标准、岸线规划等要求，其工程建设方案应当按照《中华人民共和国水法》《中华人民共和国防洪法》有关规定报经有关水行政主管部门或者经授权的流域管理机构审查同意。

建设跨越或者穿越航道、临航道的高速铁路桥梁、隧道等工程设施并划定高速铁路线路安全保护区的，应当按照《中华人民共和国航道法》有关规定开展航道通航条件影响评价，并报送有关交通运输主管部门或者航道管理机构审核。

**第十三条**　禁止在高速铁路线路安全保护区内烧荒、放养牲畜。

禁止向高速铁路线路安全保护区排污、倾倒垃圾以及其他危害铁路安全的物质。

禁止擅自进入、毁坏、移动高速铁路安全防护设施。

在高速铁路线路安全保护区内建造建筑物、构筑物等设施，取土、挖砂、挖沟、采空作业或者堆放、悬挂物品，必须符合保证高速铁路安全的国家标准、行业标准，征得铁路运输企业同意并签订安全协议，遵守施工安全规范，采取措施防止影响铁路运输安全。铁路运输企业应当公布办理相关手续的部门以及相应的渠道，及时办理相关手续，并派员对施工现场实行安全监督。

**第十四条**　高速铁路与道路立体交叉设施及其附属安全设施竣工验收合格后，应当按照国家规定移交有关单位管理、维护。

上跨高速铁路的道路桥梁及其他建筑物、构筑物的管理部门或者经营企业应当建立定期检查及维护机制，定期检查道路桥梁及其他建筑物、构筑物，以及相关的安全防护设施、警示标志，加强风险研判，采取有效措施，防止道路桥梁构筑物、附着物等坠入高速铁路线路。

对可能影响高速铁路安全的检查、维护行为，应当提前与铁路运输企业沟通，共同制定安全保障措施。铁路运输企业应当提供便利条件。

**第十五条**　下穿高速铁路桥梁、涵洞的道路，其限高、限宽标志和限高防护架应当符合国家标准，由公路管理部门或者当地人民政府指定的部门、铁路运输企业等按照有关规定设置、维护。

下穿高速铁路桥梁、涵洞的道路进行改造时,施工单位要与铁路运输企业协商一致后实施,严格控制桥梁、涵洞下净高,并根据路面标高的变化及时调整限高防护架的设置。

**第十六条** 跨越、下穿或者并行高速铁路线路的油气、供气供热、供排水、电力等管线规划、设计、施工应当满足相关国家标准、行业标准及管理规定。施工前应当向铁路运输企业通报,与铁路运输企业协商一致后方可施工,必要时铁路运输企业可以派员进行安全防护。对跨越高速铁路的电力线路,应当采取可靠的防坠落措施。

跨越、下穿高速铁路的油气、供气供热、供排水等管线应当设置满足国家相关技术规范和标准要求的安全保护设施。下穿时,优先选择在铁路桥梁、预留管线涵洞、综合管廊等既有设施处穿越;特殊条件下,需穿越路基时,应当进行专项设计,满足路基沉降的限制指标。

并行高速铁路的油气、供气供热、供排水等管线敷设时,最小水平净距应当满足相关国家标准、行业标准和安全保护要求。

油气、供气供热、供排水、电力等管线的产权单位或者经营企业应当加强检查维护管理,确保状态良好。铁路运输企业应当积极配合。

**第十七条** 在高速铁路线路两侧建造、设立生产、加工、储存或者销售易燃、易爆或者放射性物品等危险物品的场所、仓库的,应当符合国家标准、行业标准规定的安全防护距离。

**第十八条** 在高速铁路线路两侧从事采矿、采石或者爆破作业的,应当遵守有关采矿和民用爆炸物品的法律法规,符合保障安全生产的国家标准、行业标准和铁路安全保护的相关要求。

在高速铁路线路路堤坡脚、路堑坡顶、铁路桥梁外侧起向外各1000米范围内，以及在铁路隧道上方中心线两侧各1000米范围内，确需从事露天采矿、采石或者爆破作业的，应当充分考虑高速铁路安全需求，依法进行安全评估、安全监理，与铁路运输企业协商一致，依照法律法规规定报经有关主管部门批准，并采取相应的安全防护措施。

矿产资源开采过程中，在矿井、水平、采区设计时，对高速铁路及其主要配套建筑物、构筑物应当划定保护矿柱。

新建高速铁路用地与探矿权人的矿产资源勘查范围、采矿权人的采矿采石影响范围发生重叠或者在尾矿库溃坝冲击范围的，或者新建高速铁路线路跨越上述范围的，铁路建设单位应当与有关权利主体协商一致，签订安全协议，共同制定安全保障措施，按照国家有关规定处理，确保矿山生产经营单位安全生产条件符合相关规定。

**第十九条**　禁止违反有关规定在高速铁路桥梁跨越处河道上下游的一定范围内采砂、淘金。县级以上地方人民政府水行政主管部门、自然资源主管部门应当按照各自职责划定并公告禁采区域、设置禁采标志，制止非法采砂、淘金行为。

禁止在高速铁路线路路堤坡脚、路堑坡顶或者铁路桥梁外侧起向外各200米范围内抽取地下水；200米范围外，高速铁路线路经过的区域属于地面沉降区域，抽取地下水危及高速铁路安全的，应当设置地下水禁止开采区或者限制开采区，具体范围由地区铁路监督管理局会同县级以上地方人民政府水行政主管部门提出方案，报省、自治区、直辖市人民政府批准并公告。

**第二十条** 在高速铁路附近从事排放粉尘、烟尘及腐蚀性气体的生产活动，应当严格执行国家规定的排放标准。

生态环境主管部门应当加大检查和管理力度，对相关违法行为依法进行处罚。

**第二十一条** 有关单位和个人在高速铁路邻近区域内施工、建造构筑物或者从事其他生产经营活动，应当遵守保证高速铁路安全的法律法规和相关标准，采取措施防止影响高速铁路运输安全。

**第二十二条** 在高速铁路线路及其邻近区域进行施工作业，应当符合工程建设安全管理规定，并执行铁路营业线施工安全管理规定。建设单位应当会同设计、施工单位与铁路运输企业共同制定安全施工方案，按照方案进行施工。施工完毕应当及时清理现场，不得影响高速铁路运营安全。

铁路运输企业应当向社会公布办理铁路营业线施工手续的部门以及相应的渠道，及时办理相关手续。

在高速铁路线路安全保护区内和纳入邻近营业线施工计划的施工，铁路运输企业应当按照国家规定派员对施工现场实行安全监督。

**第二十三条** 邻近高速铁路的杆塔应当按照国家标准、行业标准和铁路安全防护要求进行设计安装，杆塔产权单位应当建立定期检查维护制度，确保杆塔牢固稳定。

在高速铁路线路安全保护区内，禁止种植妨碍行车瞭望或者有倒伏危险可能影响线路、电力、牵引供电安全的树木等植物；对已种植的，应当依法限期迁移或者修剪、砍伐。

铁路运输企业发现高速铁路线路安全保护区内既有的林

木存在可能危及高速铁路安全隐患的，应当告知其产权人或者管理人及时采取措施消除安全隐患。产权人或者管理人拒绝或者怠于处置的，铁路运输企业应当及时向铁路沿线林业主管部门报告，由林业主管部门协调产权人或者管理人采取措施消除安全隐患。

**第二十四条**　在高速铁路电力线路导线两侧各 500 米范围内，不得升放风筝、气球、孔明灯等飘浮物体，不得使用弓弩、弹弓、汽枪等攻击性器械从事可能危害高速铁路安全的行为。在高速铁路电力线路导线两侧升放无人机的，应当遵守国家有关规定。

对高速铁路线路两侧的塑料大棚、彩钢棚、广告牌、防尘网等轻质建筑物、构筑物，其所有权人或者实际控制人应当采取加固防护措施，并对塑料薄膜、锡箔纸、彩钢瓦、铁皮等建造、构造材料及时清理，防止大风天气条件下危害高速铁路安全。

**第二十五条**　铁路运输企业应当对高速铁路线路、防护设施、警示标志、安全环境等进行经常性巡查和维护；对巡查中发现的安全问题应当立即处理，不能立即处理的应当及时报告地区铁路监督管理局或者其他相关部门。巡查和处理情况应当记录留存。

## 第三章　安全防护设施及管理

**第二十六条**　高速铁路应当实行全封闭管理，范围包括线路、车站、动车存放场所、隧道斜井和竖井的出入口，以及其他与运行相关的附属设备设施处所。铁路建设单位或者铁路运输企业应当按照国家铁路局的规定在铁路用地范围内设置封闭设施和警示标志。

高速铁路与普速铁路共用车站的并行地段，在高速铁路线路与普速铁路线路间设置物理隔离；区间的并行地段，在普速铁路外侧依照高速铁路线路标准进行封闭。

高速铁路高架桥下的铁路用地，应当根据周边生产、生活环境情况，按照确保高速铁路设备设施安全的要求，实行封闭管理或者保护性利用管理。

铁路运输企业应当建立进出高速铁路线路作业门的管理制度。

**第二十七条** 铁路运输企业应当在客运车站广场、售票厅、进出站口、安检区、直梯及电扶梯、候车区、站台、通道、车厢、动车存放场所等重要场所和其他人员密集的场所，以及高速铁路桥梁、隧道、重要设备设施处所和路基重要区段等重点部位配备、安装监控系统。监控系统应当符合相关国家标准、行业标准，与当地公共安全视频监控系统实现图像资源共享。

客运车站以及动车存放场所周界应当设置实体围墙。车站广场应当设置防冲撞设施，有条件的设置硬隔离设施。

**第二十八条** 铁路运输企业应当在高速铁路沿线桥头、隧道口、路基地段等易进入重点区段安装、设置周界入侵报警系统。站台两端应当安装、设置警示标志和封闭设施，防止无关人员进入高速铁路线路。高速铁路周界入侵报警系统应当符合相关国家标准、行业标准。

高速铁路沿线视频监控建设应当纳入当地公共安全视频监控建设联网应用工作体系，并充分利用公共通信杆塔等资源，减少重复建设。

**第二十九条** 铁路运输企业应当根据沿线的自然灾害、地质条件、线路环境等情况，建立必要的灾害监测系统。

**第三十条** 高速铁路长大隧道、高架桥、旅客聚集区等重点区域,应当按照国家有关规定设置紧急情况下的应急疏散逃生通道并保证畅通,同时安装、设置指示标识。高速铁路长大隧道的照明设施设备、消防设施应当保持状态良好。

**第三十一条** 在下列地点,应当按照国家有关规定安装、设置防止车辆以及其他物体进入、坠入高速铁路线路的安全防护设施和警示标志:

(一)高速铁路路堑上的道路;

(二)位于高速铁路线路安全保护区内的道路;

(三)跨越高速铁路线路的道路桥梁及其他建筑物、构筑物。

**第三十二条** 船舶通过高速铁路桥梁应当符合桥梁的通航净空高度并遵守航行规则。桥区航标中的桥梁航标、桥柱标、桥梁水尺标由铁路运输企业负责设置、维护,水面航标由铁路运输企业负责设置,航道管理部门负责维护。

建设跨越通航水域的高速铁路桥梁,应当根据有关规定同步设计、同步建设桥梁防撞设施。铁路运输企业或者铁路桥梁产权单位负责防撞设施的维护管理。

**第三十三条** 铁路建设单位应当按照相关法律法规和国家标准、行业标准,在建设高速铁路客运站和直接为其运营服务的段、厂、调度指挥中心、到发中转货场、仓库时,确保相关安全防护设备设施同时设计、同时施工、同时投入生产和使用。

## 第四章 运营安全防护

**第三十四条** 除生产作业或者监督检查工作需要外,任何人一律不得进入动车组司机室。

进入动车组司机室，应当严格遵守国家安全管理规定和铁路运输企业安全生产制度。

**第三十五条** 旅客购买高速铁路列车车票、乘坐高速铁路列车，应当出示有效身份证件。对车票所记载身份信息与所持身份证件或者真实身份不符的持票人，铁路运输企业有权拒绝其进站乘车，并报告公安机关。

依照有关规定办理的高铁快运，铁路运输企业应当对客户身份进行查验，登记身份信息，并按规定对运送的物品进行安全检查。

铁路运输企业应当为公安机关依法履行职责提供数据支持和协助。

**第三十六条** 铁路禁止或者限制携带的物品种类及其数量由国家铁路局会同公安部规定。铁路运输企业应当在高速铁路车站、列车等场所对禁止或者限制携带的物品种类及其数量进行公布，并通过广播、视频等形式进行宣传。

**第三十七条** 铁路运输企业应当依照法律、行政法规和有关规定，承担安全检查的主体责任，设立相应的安检机构和安检场地，配备与运量相适应的安全检查人员和设备设施，对进入高速铁路车站的人员、物品进行安全检查。

从事安全检查的工作人员应当经过识别和处置危险物品等相关专业知识培训并考试合格。安全检查工作人员应当佩戴安全检查标志，依法履行安全检查职责，并有权拒绝不接受安全检查的旅客进站乘车或者经高速铁路运输物品。

**第三十八条** 禁止任何单位和个人扰乱高速铁路建设和运输秩序，损坏或者非法占用高速铁路设施设备、相关标志和高速铁路用地。

铁路运输企业应当按规定配备安保人员和相应设备、设施，加强安全检查和保卫工作。有关重点目标管理单位应当依照《中华人民共和国反恐怖主义法》等相关法律法规的规定，履行防范和应对处置恐怖活动职责，制定建立公共安全视频图像信息系统值班监看、信息保存使用、运行维护等管理制度，落实对重要岗位人员进行安全背景审查，以及对进入重点目标的人员、物品和交通工具进行安全检查等相关工作。

公安机关应当按照法定职责，维护高速铁路车站、列车等场所和高速铁路沿线的治安秩序，依法监督检查指导铁路运输企业治安保卫工作；依法查处摆放障碍、破坏设施、损坏设备、盗割电缆、擅自进入高速铁路线路等危及高速铁路运输安全和秩序的违法行为。

**第三十九条**　高速铁路的重要桥梁和隧道按照国家有关规定进行守护。

**第四十条**　县级以上各级人民政府相关部门、铁路运输企业应当依照自然灾害防治法律法规的规定，加强高速铁路沿线灾害隐患的排查、治理、通报、预防和应急处理等工作。

高速铁路勘察、设计阶段应当加强地质灾害危险性评估工作，尽量避开地质灾害隐患威胁，无法避让的，应当在设计、建设阶段及时采取治理措施排除地质灾害隐患风险，为铁路建设及运营提供安全环境。

高速铁路规划、勘察、设计、建设，应当优化地质选线，加强沿线区域地震活动性研究。位于活动断裂带的高速铁路，沿线应当装设地震预警监测系统。大型桥梁、隧道、站房等重点工程，应当强化场址地震安全性评价，满足抗震设防相关标准。

县级以上各级人民政府相关部门、铁路运输企业应当依照法律、行政法规的规定，建立地质灾害、气象灾害等预警信息互联互通机制，研判灾害对高速铁路安全的影响，及时进行预报预警。铁路运输企业应当针对不同灾害等级或者情况采取相应的防范措施。

**第四十一条** 铁路运输企业应当依照有关法律法规和技术标准要求，建立高速铁路网络安全保障体系，落实网络安全管理制度和技术防护措施，制定网络安全事件应急预案，采取有效措施确保网络安全稳定运行，保护旅客、托运人电子信息安全。

**第四十二条** 铁路运输企业应当遵守消防法律法规规章和消防技术标准，落实消防安全主体责任，制定消防安全制度、消防安全操作规程，配置符合要求的消防设施、器材，设置消防安全标志、组织防火检查，及时消除火灾隐患，制定灭火和应急疏散预案，并定期演练。

消防救援机构等相关部门依法履行消防监督管理职责。

## 第五章 监督管理

**第四十三条** 铁路监管部门应当制定年度安全监督检查计划，重点对以下事项进行监督检查：

（一）铁路运输高峰期和恶劣气象条件下关键时期的运输安全；

（二）高速铁路开通运营、重要设施设备运用状态、沿线外部环境等铁路运输安全关键环节；

（三）铁路运输突发事件应急预案的建立和落实情况。

铁路监管部门根据需要，可以牵头协调组织相关部门开展高速铁路安全防护联合监督检查。

**第四十四条**　铁路监管部门应当对监督检查过程中发现的问题，以及铁路运输企业等单位报送的问题进行梳理分析。对影响高速铁路运营安全的，应当及时采取函告、约谈等方式督促相关企业或者地方政府相关部门落实责任、消除隐患；对安全防护推进不力的部门和单位，可以在铁路监管部门政府网站上向社会公告。

对高速铁路事故隐患，铁路监管部门应当责令有关单位立即排除，并加强督办落实；重大事故隐患排除前或者排除过程中无法保证安全的，铁路监管部门应当责令从危险区域内撤出人员、设备，停止作业，重大事故隐患排除后方可恢复。

相关部门发现铁路安全隐患，属于职责范围内的，应当依法责令有关单位或者个人立即排除。

**第四十五条**　铁路监管部门和相关部门应当依照法律法规和相关职责规定对影响高速铁路安全的行为进行处罚。

**第四十六条**　发生涉及高速铁路运输安全的突发事件后，铁路运输企业及其所属的生产经营单位应当立即采取措施组织抢救，防止事故扩大，减少人员伤亡和财产损失，并向事件发生地地方人民政府及相关部门和地区铁路监督管理局报告。

**第四十七条**　事件发生地相关部门和地区铁路监督管理局接到报告后，应当依照有关法律、行政法规的规定和应急预案要求，立即采取措施控制事态发展，组织开展应急救援和处置工作，并按规定报告。

## 第六章　附　则

**第四十八条**　本办法自 2020 年 7 月 1 日起施行。

附录 7

# 铁路车站行车作业人身安全规定

## 第一章　总　　则

**第一条**　为强化铁路车站行车人员人身安全控制，在原铁道部《铁路车站行车作业人身安全标准》（TB 1699—1985）的基础上，依据《技规》等有关规定，结合现场设备及作业组织变化，制定本规定。

**第二条**　本规定是铁路车站行车作业人身安全的基本要求。

**第三条**　本规定适用于国铁集团车站（含委托国铁集团所属铁路运输企业管理的车站）行车作业人员。

## 第二章　行车作业人身安全通用规定

**第四条**　班前禁止饮酒。班中按规定着装，佩带防护用品。

**第五条**　顺线路走时，应走两线路中间，作业人员及所携带的工具不得侵入机车车辆限界，并注意邻线的机车车辆和货物装载状态。严禁在道心、轨枕头上行走。不准脚踏钢轨面、道岔连接杆、尖轨、辙叉心等。

**第六条**　横越线路时，应一站、二看、三通过，注意左右机车车辆的动态及脚下有无障碍物。

**第七条**　横越停有机车车辆的线路时，应先确认该机车车辆暂不移动，然后在该机车车辆较远处通过。严禁在运行中的机车车辆前面抢越。

**第八条**　必须横越列车、车列（组）时，严禁钻车。应先确认该列车、车列（组）暂不移动，然后由车辆通过台或两车车钩上越过；越过时勿碰开钩销，上下车时要抓紧蹬稳并注意邻线有无机车车辆运行；经车辆通过台越过应从车梯上下车。

**第九条**　严禁在机车车辆底下坐卧，以及钢轨上、轨枕头、道心里坐卧或站立。

**第十条**　严禁扒乘运行中的机车车辆，以车代步。

## 第三章　接发列车作业人身安全规定

**第十一条**　应熟知站内作业区域、行走径路及两侧相关的设备设施，并随时注意使用情况，如遇设备设施、走行通道发生异状或变化时，应及时通知有关人员并采取安全措施。

**第十二条**　接发列车时，应站在规定地点，随时注意邻线机车车辆动态。

**第十三条**　安装、摘解货车列尾主机、中继器，吊起列车尾部软管时，应确认车列暂不移动方可进行作业。

## 第四章　调车作业人身安全规定

**第十四条**　必须熟知调车作业区的技术设备、作业环境和作业方法，以及接近线路的一切建（构）筑物的形态和距离。

**第十五条**　上下车时必须遵守以下规定：

（一）上车时，车速不得超过 15 km/h；下车时，车速不得超过 20 km/h。

（二）在高度不超过 1.1 m 的站台上上下车时，车速不得超过 10 km/h。

（三）在路肩窄、路基高的线路上和高度超过 1.1 m 的站台上作业时,必须停车上下。

(四)登乘内燃、电力机车作业时,必须在机车停稳时再上下车(设有便于上下车脚蹬的调车机除外)。

(五)上车前应注意脚蹬、车梯、扶手,平车、砂石车的侧板和机车脚踏板的牢固状态。

(六)上下车时要选好地点,注意地面障碍物。不准迎面上车。不准运行中反面上下车(牵出时最后一辆及《站细》等规定的除外)。

**第十六条** 在车列、车辆运行中,禁止下列行为:

(一)在车钩上,在平车、砂石车的端板支架上坐立,在平车、砂石车的边端站立。

(二)在棚车顶或装载超出车帮的货物上站立或行走。

(三)手抓篷布或捆绑货物的绳索,脚蹬平车鱼腹形侧梁。

(四)在车梯上探身过远,或经站台时站在低于站台的车梯。

(五)在装载易于窜动货物的车辆间和货物空隙间站立或坐卧。

(六)骑坐车帮。

(七)跨越车辆。

(八)两人及以上站在同一闸台、车梯及机车一侧脚踏板上。

(九)进入线路提钩,摘结制动软管或调整钩位。

**第十七条** 手推调车时,必须在车辆两侧进行,并注意脚下有无障碍物。

**第十八条** 在电气化铁路区段,接触网未停电、未接地的情况下,禁止到车顶上调车作业。在带电的接触网线路上调车时,作业人员及所携带的工具等须与接触网高压带电部分保持

2 m 以上的距离。

**第十九条** 去岔线、段管线或货物线调车作业，须事先派人检查线路大门开启状态及线路两侧货物堆放情况；事先派人检查有困难时，应在《站细》中规定检查确认办法。

**第二十条** 带风作业时，必须执行一关（关折角塞门）、二摘（摘制动软管）、三提钩的作业程序。

**第二十一条** 摘结制动软管、调整钩位、处理钩销、采取或撤除防溜措施时，必须等列车、车列（组）停妥，并得到调车长的回示，昼间由调车长防护，夜间必须向调车长显示停车信号。

（一）调车人员须确认列车、车列（组）停妥，得到调车长同意，并使用无线调车灯显设备发出“紧急停车”指令后，方可进入车档。调车长进入车档作业时，由其本人向司机显示（发出）停车信号进行防护。

（二）使用手信号调车时，调车长须向司机显示停车信号进行防护后，方可同意作业人员进入车档；调车长得到所有作业人员均已作业完毕的汇报后，方可撤除防护。

**第二十二条** 调整钩位、处理钩销时不要探身到两车钩之间。对平车、砂石车、罐车、客车及特种车辆，应特别注意端板支架、缓冲器、风挡及货物装载状态。

**第二十三条** 溜放调车作业应站在车梯上，一手抓牢车梯，一手提钩，不准用脚提钩或跟车边跑边提钩（驼峰调车作业除外），严禁在车列运行中抢越线路去反面提钩。

**第二十四条** 使用人力制动机时（在静止状态下，站在地面或低于车钩中心水平线的人力制动机闸台上使用时除外），必须使用安全带。要做到“上车先挂钩”“下车先摘钩”。不能使用安全带的车辆，如平车、砂石车、罐车等，作业时必须选好站立地点。

**第二十五条** 严禁使用折角塞门放风制动。

**第二十六条** 使用铁鞋制动时，应背向来车方向，严禁徒手使用铁鞋，并注意车辆、货物状况和邻线机车车辆的动态。严禁带铁鞋叉子上车。

**第二十七条** 严禁在运行中的机车前后端坐卧。

**第二十八条** 使用折叠式人力制动机时，须在停车时竖起闸杆，确认方套落下，月牙板关好，插销插上后方可使用。

**第二十九条** 作业中严禁吸烟。

## 第五章 清扫(扳道)作业人身安全规定

**第三十条** 清扫道岔(含降雪天气清扫道岔积雪)前须得到车站值班员或有关人员的同意。清扫电气集中道岔或联动道岔，必要时应先将安全木楔置于尖轨与基本轨之间。清扫后及时将清扫工具、安全木楔等撤除，并向车站值班员或有关人员报告。

**第三十一条** 扳道员接发列车时，应站在规定地点。随时注意邻线机车车辆动态。

**第三十二条** 在扳道作业时，应遵守扳道作业方法。除因作业需要必须进入道心外，均应站在安全地点。

## 第六章 附 则

**第三十三条** 本规定由国铁集团运输部负责解释。

**第三十四条** 本规定自2020年9月1日起施行，原铁道部《铁路车站行车作业人身安全标准》(〔1985〕铁科技字1393号)同时停止执行。

附录 8

# 城市轨道交通运营管理规定

（中华人民共和国交通运输部令　2018 年第 8 号）

## 第一章　总　　则

**第一条**　为规范城市轨道交通运营管理，保障运营安全，提高服务质量，促进城市轨道交通行业健康发展，根据国家有关法律、行政法规和国务院有关文件要求，制定本规定。

**第二条**　地铁、轻轨等城市轨道交通的运营及相关管理活动，适用本规定。

**第三条**　城市轨道交通运营管理应当遵循以人民为中心、安全可靠、便捷高效、经济舒适的原则。

**第四条**　交通运输部负责指导全国城市轨道交通运营管理工作。

省、自治区交通运输主管部门负责指导本行政区域内的城市轨道交通运营管理工作。

城市轨道交通所在地城市交通运输主管部门或者城市人民政府指定的城市轨道交通运营主管部门（以下统称城市轨道交通运营主管部门）在本级人民政府的领导下负责组织实施本行政区域内的城市轨道交通运营监督管理工作。

## 第二章　运营基础要求

**第五条**　城市轨道交通运营主管部门在城市轨道交通线网规划及建设规划征求意见阶段，应当综合考虑与城市规划的衔接、城市轨道交通客流需求、运营安全保障等因素,对线网布局和规模、换乘枢纽规划、建设时序、资源共享、线网综合应急指挥系统建设、线路功能定位、线路制式、系统规模、交通接驳等提出意见。

城市轨道交通运营主管部门在城市轨道交通工程项目可行性研究报告和初步设计文件编制审批征求意见阶段,应当对客流预测、系统设计运输能力、行车组织、运营管理、运营服务、运营安全等提出意见。

**第六条** 城市轨道交通工程项目可行性研究报告和初步设计文件中应当设置运营服务专篇,内容应当至少包括:

(一)车站开通运营的出入口数量、站台面积、通道宽度、换乘条件、站厅容纳能力等设施、设备能力与服务需求和安全要求的符合情况;

(二)车辆、通信、信号、供电、自动售检票等设施设备选型与线网中其他线路设施设备的兼容情况;

(三)安全应急设施规划布局、规模等与运营安全的适应性,与主体工程的同步规划和设计情况;

(四)与城市轨道交通线网运力衔接配套情况;

(五)其他交通方式的配套衔接情况;

(六)无障碍环境建设情况。

**第七条** 城市轨道交通车辆、通信、信号、供电、机电、自动售检票、站台门等设施设备和综合监控系统应当符合国家规定的运营准入技术条件,并实现系统互联互通、兼容共享,满足网络化运营需要。

**第八条** 城市轨道交通工程项目原则上应当在可行性研究报告编制前,按照有关规定选择确定运营单位。运营单位应当满足以下条件：

（一）具有企业法人资格，经营范围包括城市轨道交通运营管理；

（二）具有健全的行车管理、客运管理、设施设备管理、人员管理等安全生产管理体系和服务质量保障制度；

（三）具有车辆、通信、信号、供电、机电、轨道、土建结构、运营管理等专业管理人员，以及与运营安全相适应的专业技术人员。

**第九条** 运营单位应当全程参与城市轨道交通工程项目按照规定开展的不载客试运行，熟悉工程设备和标准，察看系统运行的安全可靠性，发现存在质量问题和安全隐患的，应当督促城市轨道交通建设单位（以下简称建设单位）及时处理。

运营单位应当在运营接管协议中明确相关土建工程、设施设备、系统集成的保修范围、保修期限和保修责任，并督促建设单位将上述内容纳入建设工程质量保修书。

**第十条** 城市轨道交通工程项目验收合格后，由城市轨道交通运营主管部门组织初期运营前安全评估。通过初期运营前安全评估的，方可依法办理初期运营手续。

初期运营期间，运营单位应当按照设计标准和技术规范，对土建工程、设施设备、系统集成的运行状况和质量进行监控，发现存在问题或者安全隐患的，应当要求相关责任单位按照有关规定或者合同约定及时处理。

**第十一条** 城市轨道交通线路初期运营期满一年，运营单位应当向城市轨道交通运营主管部门报送初期运营报告，并由城市轨道交通运营主管部门组织正式运营前安全评估。通过安全评估的，方可依法办理正式运营手续。对安全评估中发现的问题，城市轨道交通运营主管部门应当报告城市人民政府，同时通告有关责任单位要求限期整改。

开通初期运营的城市轨道交通线路有甩项工程的，甩项工程完工并验收合格后，应当通过城市轨道交通运营主管部门组织的安全评估，方可投入使用。受客观条件限制难以完成甩项工程的，运营单位应当督促建设单位与设计单位履行设计变更手续。全部甩项工程投入使用或者履行设计变更手续后，城市轨道交通工程项目方可依法办理正式运营手续。

**第十二条** 运营单位承担运营安全生产主体责任，应当建立安全生产责任制，设置安全生产管理机构，配备专职安全管理人员，保障安全运营所必需的资金投入。

**第十三条** 运营单位应当配置满足运营需求的从业人员，按相关标准进行安全和技能培训教育，并对城市轨道交通列车驾驶员、行车调度员、行车值班员、信号工、通信工等重点岗位人员进行考核，考核不合格的，不得从事岗位工作。运营单位应当对重点岗位人员进行安全背景审查。

城市轨道交通列车驾驶员应当按照法律法规的规定取得驾驶员职业准入资格。

运营单位应当对列车驾驶员定期开展心理测试，对不符合要求的及时调整工作岗位。

**第十四条** 运营单位应当按照有关规定，完善风险分级管控和隐患排查治理双重预防制度，建立风险数据库和隐患排查手册，对于可能影响安全运营的风险隐患及时整改，并向城市轨道交通运营主管部门报告。

城市轨道交通运营主管部门应当建立运营重大隐患治理督办制度，督促运营单位采取安全防护措施，尽快消除重大隐患；对非运营单位原因不能及时消除的，应当报告城市人民政府依法处理。

**第十五条**　运营单位应当建立健全本单位的城市轨道交通运营设施设备定期检查、检测评估、养护维修、更新改造制度和技术管理体系，并报城市轨道交通运营主管部门备案。

运营单位应当对设施设备进行定期检查、检测评估，及时养护维修和更新改造，并保存记录。

**第十六条**　城市轨道交通运营主管部门和运营单位应当建立城市轨道交通智能管理系统，对所有运营过程、区域和关键设施设备进行监管，具备运行控制、关键设施和关键部位监测、风险管控和隐患排查、应急处置、安全监控等功能，并实现运营单位和各级交通运输主管部门之间的信息共享，提高运营安全管理水平。

运营单位应当建立网络安全管理制度，严格落实网络安全有关规定和等级保护要求，加强列车运行控制等关键系统信息安全保护，提升网络安全水平。

**第十七条**　城市轨道交通运营主管部门应当对运营单位运营安全管理工作进行监督检查，定期委托第三方机构组织专家开展运营期间安全评估工作。

初期运营前、正式运营前以及运营期间的安全评估工作管理办法由交通运输部另行制定。

**第十八条**　城市轨道交通运营主管部门和运营单位应当建立城市轨道交通运营信息统计分析制度，并按照有关规定及时报送相关信息。

## 第三章　运营服务

**第十九条**　运营单位应当按照有关标准为乘客提供安全、

可靠、便捷、高效、经济的服务，保证服务质量。

运营单位应当向社会公布运营服务质量承诺并报城市轨道交通运营主管部门备案，定期报告履行情况。

**第二十条** 运营单位应当根据城市轨道交通沿线乘客出行规律及网络化运输组织要求，合理编制运行图，并报城市轨道交通运营主管部门备案。

运营单位调整运行图严重影响服务质量的，应当向城市轨道交通运营主管部门说明理由。

**第二十一条** 运营单位应当通过标识、广播、视频设备、网络等多种方式按照下列要求向乘客提供运营服务和安全应急等信息：

（一）在车站醒目位置公布首末班车时间、城市轨道交通线网示意图、进出站指示、换乘指示和票价信息；

（二）在站厅或者站台提供列车到达、间隔时间、方向提示、周边交通方式换乘、安全提示、无障碍出行等信息；

（三）在车厢提供城市轨道交通线网示意图、列车运行方向、到站、换乘、开关车门提示等信息；

（四）首末班车时间调整、车站出入口封闭、设施设备故障、限流、封站、甩站、暂停运营等非正常运营信息。

**第二十二条** 城市轨道交通票价制定和调整按照国家有关规定执行。

城市轨道交通运营主管部门应当按照有关标准组织实施交通一卡通在轨道交通的建设与推广应用，推动跨区域、跨交通方式的互联互通。

**第二十三条** 城市轨道交通运营主管部门应当制定城市轨道交通乘客乘车规范，乘客应当遵守。拒不遵守的，运营单位有权劝阻和制止，制止无效的，报告公安机关依法处理。

**第二十四条**　城市轨道交通运营主管部门应当通过乘客满意度调查等多种形式，定期对运营单位服务质量进行监督和考评，考评结果向社会公布。

**第二十五条**　城市轨道交通运营主管部门和运营单位应当分别建立投诉受理制度。接到乘客投诉后，应当及时处理，并将处理结果告知乘客。

**第二十六条**　乘客应当持有效乘车凭证乘车，不得使用无效、伪造、变造的乘车凭证。运营单位有权查验乘客的乘车凭证。

**第二十七条**　乘客及其他人员因违法违规行为对城市轨道交通运营造成严重影响的，应当依法追究责任。

**第二十八条**　鼓励运营单位采用大数据分析、移动互联网等先进技术及有关设施设备，提升服务品质。运营单位应当保证乘客个人信息的采集和使用符合国家网络和信息安全有关规定。

## 第四章　安全支持保障

**第二十九条**　城市轨道交通工程项目应当按照规定划定保护区。

开通初期运营前，建设单位应当向运营单位提供保护区平面图，并在具备条件的保护区设置提示或者警示标志。

**第三十条**　在城市轨道交通保护区内进行下列作业的，作业单位应当按照有关规定制定安全防护方案，经运营单位同意后，依法办理相关手续并对作业影响区域进行动态监测：

（一）新建、改建、扩建或者拆除建（构）筑物；

（二）挖掘、爆破、地基加固、打井、基坑施工、桩基础施工、钻探、灌浆、喷锚、地下顶进作业；

（三）敷设或者搭架管线、吊装等架空作业；

（四）取土、采石、采砂、疏浚河道；

（五）大面积增加或者减少建（构）筑物载荷的活动；

（六）电焊、气焊和使用明火等具有火灾危险作业。

**第三十一条** 运营单位有权进入作业现场进行巡查，发现危及或者可能危及城市轨道交通运营安全的情形，运营单位有权予以制止，并要求相关责任单位或者个人采取措施消除妨害；逾期未改正的，及时报告有关部门依法处理。

**第三十二条** 使用高架线路桥下空间不得危害城市轨道交通运营安全，并预留高架线路桥梁设施日常检查、检测和养护维修条件。

地面、高架线路沿线建（构）筑物或者植物不得妨碍行车瞭望，不得侵入城市轨道交通线路的限界。沿线建（构）筑物、植物可能妨碍行车瞭望或者侵入线路限界的，责任单位应当及时采取措施消除影响。责任单位不能消除影响，危及城市轨道交通运营安全、情况紧急的，运营单位可以先行处置，并及时报告有关部门依法处理。

**第三十三条** 禁止下列危害城市轨道交通运营设施设备安全的行为：

（一）损坏隧道、轨道、路基、高架、车站、通风亭、冷却塔、变电站、管线、护栏护网等设施；

（二）损坏车辆、机电、电缆、自动售检票等设备，干扰通信信号、视频监控设备等系统；

（三）擅自在高架桥梁及附属结构上钻孔打眼，搭设电线

或者其他承力绳索,设置附着物;

(四)损坏、移动、遮盖安全标志、监测设施以及安全防护设备。

**第三十四条** 禁止下列危害或者可能危害城市轨道交通运营安全的行为:

(一)拦截列车;

(二)强行上下车;

(三)擅自进入隧道、轨道或者其他禁入区域;

(四)攀爬或者跨越围栏、护栏、护网、站台门等;

(五)擅自操作有警示标志的按钮和开关装置,在非紧急状态下动用紧急或者安全装置;

(六)在城市轨道交通车站出入口 5 米范围内停放车辆、乱设摊点等,妨碍乘客通行和救援疏散;

(七)在通风口、车站出入口 50 米范围内存放有毒、有害、易燃、易爆、放射性和腐蚀性等物品;

(八)在出入口、通风亭、变电站、冷却塔周边躺卧、留宿、堆放和晾晒物品;

(九)在地面或者高架线路两侧各 100 米范围内升放风筝、气球等低空飘浮物体和无人机等低空飞行器。

**第三十五条** 在城市轨道交通车站、车厢、隧道、站前广场等范围内设置广告、商业设施的,不得影响正常运营,不得影响导向、提示、警示、运营服务等标识识别、设施设备使用和检修,不得挤占出入口、通道、应急疏散设施空间和防火间距。

城市轨道交通车站站台、站厅层不应设置妨碍安全疏散的非运营设施。

**第三十六条** 禁止乘客携带有毒、有害、易燃、易爆、放射性、腐蚀性以及其他可能危及人身和财产安全的危险物品进站、乘车。运营单位应当按规定在车站醒目位置公示城市轨道交通禁止、限制携带物品目录。

**第三十七条** 各级城市轨道交通运营主管部门应当按照职责监督指导运营单位开展反恐防范、安检、治安防范和消防安全管理相关工作。

鼓励推广应用安检新技术、新产品,推动实行安检新模式,提高安检质量和效率。

**第三十八条** 交通运输部应当建立城市轨道交通重点岗位从业人员不良记录和乘客违法违规行为信息库,并按照规定将有关信用信息及时纳入交通运输和相关统一信用信息共享平台。

**第三十九条** 鼓励经常乘坐城市轨道交通的乘客担任志愿者,及时报告城市轨道交通运营安全问题和隐患,检举揭发危害城市轨道交通运营安全的违法违规行为。运营单位应当对志愿者开展培训。

## 第五章 应急处置

**第四十条** 城市轨道交通所在地城市及以上地方各级人民政府应当建立运营突发事件处置工作机制,明确相关部门和单位的职责分工、工作机制和处置要求,制定完善运营突发事件应急预案。

运营单位应当按照有关法规要求建立运营突发事件应急预案体系,制定综合应急预案、专项应急预案和现场处置方案。运营单位应当组织专家对专项应急预案进行评审。

因地震、洪涝、气象灾害等自然灾害和恐怖袭击、刑事案件等社会安全事件以及其他因素影响或者可能影响城市轨道交通正常运营时,参照运营突发事件应急预案做好监测预警、信息报告、应急响应、后期处置等相关应对工作。

**第四十一条**　运营单位应当储备必要的应急物资,配备专业应急救援装备,建立应急救援队伍,配齐应急人员,完善应急值守和报告制度,加强应急培训,提高应急救援能力。

**第四十二条**　城市轨道交通运营主管部门应当按照有关法规要求,在城市人民政府领导下会同有关部门定期组织开展联动应急演练。

运营单位应当定期组织运营突发事件应急演练,其中综合应急预案演练和专项应急预案演练每半年至少组织一次。现场处置方案演练应当纳入日常工作,开展常态化演练。运营单位应当组织社会公众参与应急演练,引导社会公众正确应对突发事件。

**第四十三条**　运营单位应当在城市轨道交通车站、车辆、地面和高架线路等区域的醒目位置设置安全警示标志,按照规定在车站、车辆配备灭火器、报警装置和必要的救生器材,并确保能够正常使用。

**第四十四条**　城市轨道交通运营突发事件发生后,运营单位应当按照有关规定及时启动相应应急预案。运营单位应当充分发挥志愿者在突发事件应急处置中的作用,提高乘客自救互救能力。

现场工作人员应当按照各自岗位职责要求开展现场处置,通过广播系统、乘客信息系统和人工指引等方式,引导乘客快速疏散。

**第四十五条**　运营单位应当加强城市轨道交通客流监测。

可能发生大客流时，应当按照预案要求及时增加运力进行疏导；大客流可能影响运营安全时，运营单位可以采取限流、封站、甩站等措施。

因运营突发事件、自然灾害、社会安全事件以及其他原因危及运营安全时，运营单位可以暂停部分区段或者全线网的运营，根据需要及时启动相应应急保障预案，做好客流疏导和现场秩序维护，并报告城市轨道交通运营主管部门。

运营单位采取限流、甩站、封站、暂停运营措施应当及时告知公众，其中封站、暂停运营措施还应当向城市轨道交通运营主管部门报告。

**第四十六条** 城市轨道交通运营主管部门和运营单位应当建立城市轨道交通运营安全重大故障和事故报送制度。

城市轨道交通运营主管部门和运营单位应当定期组织对重大故障和事故原因进行分析，不断完善城市轨道交通运营安全管理制度以及安全防范和应急处置措施。

**第四十七条** 城市轨道交通运营主管部门和运营单位应当加强舆论引导，宣传文明出行、安全乘车理念和突发事件应对知识，培养公众安全防范意识，引导理性应对突发事件。

## 第六章 法律责任

**第四十八条** 违反本规定第十条、第十一条，城市轨道交通工程项目（含甩项工程）未经安全评估投入运营的，由城市轨道交通运营主管部门责令限期整改，并对运营单位处以 2 万元以上 3 万元以下的罚款，同时对其主要负责人处以 1 万元以下的罚款；有严重安全隐患的，城市轨道交通运营主管部门应当责令暂停运营。

**第四十九条**　违反本规定，运营单位有下列行为之一的，由城市轨道交通运营主管部门责令限期改正；逾期未改正的，处以 5000 元以上 3 万元以下的罚款，并可对其主要负责人处以 1 万元以下的罚款：

（一）未全程参与试运行；

（二）未按照相关标准对从业人员进行技能培训教育；

（三）列车驾驶员未按照法律法规的规定取得职业准入资格；

（四）列车驾驶员、行车调度员、行车值班员、信号工、通信工等重点岗位从业人员未经考核上岗；

（五）未按照有关规定完善风险分级管控和隐患排查治理双重预防制度；

（六）未建立风险数据库和隐患排查手册；

（七）未按要求报告运营安全风险隐患整改情况；

（八）未建立设施设备检查、检测评估、养护维修、更新改造制度和技术管理体系；

（九）未对设施设备定期检查、检测评估和及时养护维修、更新改造；

（十）未按照有关规定建立运营突发事件应急预案体系；

（十一）储备的应急物资不满足需要，未配备专业应急救援装备，或者未建立应急救援队伍、配齐应急人员；

（十二）未按时组织运营突发事件应急演练。

**第五十条**　违反本规定第十八条、第四十六条，运营单位未按照规定上报城市轨道交通运营相关信息或者运营安全重大故障和事故的，由城市轨道交通运营主管部门责令限期改正；逾期未改正的，处以 5000 元以上 3 万元以下的罚款。

**第五十一条** 违反本规定，运营单位有下列行为之一，由城市轨道交通运营主管部门责令限期改正；逾期未改正的，处以1万元以下的罚款：

（一）未向社会公布运营服务质量承诺或者定期报告履行情况；

（二）运行图未报城市轨道交通运营主管部门备案或者调整运行图严重影响服务质量的，未向城市轨道交通运营主管部门说明理由；

（三）未按规定向乘客提供运营服务和安全应急等信息；

（四）未建立投诉受理制度，或者未及时处理乘客投诉并将处理结果告知乘客；

（五）采取的限流、甩站、封站、暂停运营等措施，未及时告知公众或者封站、暂停运营等措施未向城市轨道交通运营主管部门报告。

**第五十二条** 违反本规定第三十二条，有下列行为之一，由城市轨道交通运营主管部门责令相关责任人和单位限期改正、消除影响；逾期未改正的，可以对个人处以5000元以下的罚款，对单位处以3万元以下的罚款；造成损失的，依法承担赔偿责任；情节严重构成犯罪的，依法追究刑事责任：

（一）高架线路桥下的空间使用可能危害运营安全的；

（二）地面、高架线路沿线建（构）筑物或者植物妨碍行车瞭望、侵入限界的。

**第五十三条** 违反本规定第三十三条、第三十四条，运营单位有权予以制止，并由城市轨道交通运营主管部门责令改正，可以对个人处以5000元以下的罚款，对单位处以3万元以下的罚款；违反治安管理规定的，由公安机关依法处理；构成犯罪的，依法追究刑事责任。

**第五十四条**　城市轨道交通运营主管部门不履行本规定职责造成严重后果的，或者有其他滥用职权、玩忽职守、徇私舞弊行为的，对负有责任的领导人员和直接责任人员依法给予处分；构成犯罪的，依法追究刑事责任。

**第五十五条**　地方性法规、地方政府规章对城市轨道交通运营违法行为需要承担的法律责任与本规定有不同规定的，从其规定。

## 第七章　附　则

**第五十六条**　本规定自 2018 年 7 月 1 日起施行。

**附录 9**

# 《安全生产法》知识百题测试

## 一、单选题

1.《全国人民代表大会常务委员会关于修改〈中华人民共和国安全生产法〉的决定》已由中华人民共和国第十三届全国人民代表大会常务委员会第二十九次会议于 2021 年(　　)通过。

A. 6 月 10 日　　B. 6 月 11 日

C. 6 月 12 日　　D. 6 月 18 日

2.《安全生产法》规定的安全生产管理方针是(　　)。

A. 安全为了生产、生产必须安全

B. 安全第一、预防为主、综合治理

C. 安全生产人人有责

D. 坚持中国共产党的领导

3.《安全生产法》规定,生产经营单位采用新工艺、新技术、新材料或者使用新设备时,应对从业人员进行(　　)的安全生产教育和培训。

A. 班组级　　B. 车间级

C. 专门　　D. 全面

4. 负有安全生产监督管理职责的部门在监督检查中,应当互相配合,实行(　　);确需分别进行检查的,应当互通情况。

A. 联合检查　　B. 分级检查

C. 委托检查　　D. 专项检查

5. 生产经营单位接收中等职业学校、高等学校学生实习的,应当对实习学生进行相应的(　　),提供必要的劳动防护用品。

A. 安全生产教育　　B. 安全技术培训

C. 安全生产教育和培训　　D. 专业技术培训

6. 全员安全生产责任制要在(　　)上下真功夫,这是关键的关键。

A. 建立健全并落实　　B. 分工明确

C. 贯彻落实　　D. 全面执行

7. 生产经营单位安全生产第一责任人是(　　)。

A. 生产经营单位的主要负责人

B. 生产经营单位的负责人

C. 生产经营单位的主管领导

D. 生产经营单位的生产负责人

8. 生产经营单位应当在有较大危险因素的生产经营场所和有关设施、设备上,设置明显的(　　)。

A. 安全宣传标语　　B. 安全宣传挂图

C. 安全警示标志　　D. 安全口号

9. 安全生产监督检查人员执行监督检查任务时,必须出示有效的(　　)。

A. 行政执法证件　　B. 监督执法证件

C. 监督证件　　D. 介绍信

10. 负有安全生产监督管理职责的部门依照有关法律、法规的规定,对涉及安全生产的事项需要审查批准或者验收的,必须严格依照有关法律、法规和国家标准或者行业标准规定的(　　)进行审查。

A. 安全生产条件和级别

B. 安全生产条件和程序

C. 安全生产形式和程序

D. 安全生产流程和形式

11.《安全生产法》所指的危险品包括(　　)。

A. 易燃易爆物品、危险化学品、放射性物品

B. 枪支弹药

C. 高压气瓶、手持电动工具

D. 管制刀具、火药

12. 从业人员有权对本单位安全生产工作中存在的问题提出批评、(　　)、控告;有权拒绝违章指挥和强令冒险作业。

A. 起诉　　B. 检举

C. 仲裁　　D. 举报

13.《安全生产法》对工会在安全生产工作中的(　　)作出了规定。

A. 监督职责　　B. 享有的权利

C. 应尽的义务　　D. 应尽的职责

14. 生产经营单位必须为从业人员提供符合国家标准或行业标准的(　　)。

A. 防暑用品　　B. 防寒用品

C. 劳动防护用品　　D. 安全帽

15. 国家实行生产安全事故责任追究制度,依照《安全生产法》和有关法律、法规的规定,追究生产安全事故中(　　)法律责任。

A. 责任单位

B. 责任人员

C. 责任单位和责任人员

D. 责任单位或责任人员

16. 不强制设置安全生产管理机构的单位是(　　)。

A. 矿山、金属冶炼单位

B. 建筑施工、运输单位

C. 危险物品的生产、经营、储存、装卸单位

D. 从业人员在 100 人以下的其他生产经营单位

17. 生产经营单位应当对从业人员进行安全生产教育和培训,未经安全生产教育和培训合格的从业人员,(　　)上岗作业。

A. 不得　　B. 可以

C. 禁止长时间　　D. 允许短时间

18. 建设项目安全设施的(　　)应当对安全设施设计负责。

A. 设计人

B. 设计单位

C. 设计人和设计单位

D. 设计人或设计单位

19. 生产经营单位对重大危险源采取的措施有(　　)。

A. 登记建档,进行定期检测、评估、监控

B. 监控录像保存 5 年以上

C. 报上级主管部门备案

D. 进行模拟演练

20. 下列关于安全生产责任保险制度说法错误的是(　　)。

A. 高危行业的生产经营单位,应当投保安全生产责任保险

B. 国家鼓励生产经营单位投保安全生产责任保险

C. 生产经营单位必须依法参加工伤保险

D. 生产经营单位必须投保安全生产责任保险

21. 生产经营单位不得以任何形式与从业人员订立协议，(　　)其对从业人员因生产安全事故伤亡依法应承担的责任。

A. 免除　　　　B. 减轻

C. 免除或者减轻　　　　D. 从轻或者减轻

22. 工会有权对建设项目的安全设施与主体工程(　　)生产和使用进行监督，提出意见。

A. 同时设计、同时施工、同时投入

B. 同时计划、同时施工、同时投入

C. 同时设计、同时动工、同时投入

D. 同时规划、同时动工、同时投入

23. 国务院(　　)牵头建立全国统一的生产安全事故应急救援信息系统。

A. 应急管理部门

B. 安全生产监督管理部门

C. 交通运输行政管理部门

D. 住房和城乡建设行政管理部门

24. 任何单位和个人都应当(　　)事故抢救，并提供一切便利条件。

A. 支持、参与　　　　B. 支持、配合

C. 协助、配合　　　　D. 参与、协助

25. 生产经营单位的决策机构、主要负责人或者个人经营的投资人不依照《安全生产法》规定保证安全生产所必需的资

金投入,导致发生生产安全事故的,给予(　　)。

A. 生产经营单位的主要负责人严重警告处分,对个人经营的投资人并处2万元以上20万元以下的罚款

B. 生产经营单位的主要负责人撤职处分,对个人经营的投资人并处2万元以上10万元以下的罚款

C 生产经营单位的主要负责人严重警告处分,对个人经营的投资人并处2万元以上10万元以下的罚款

D. 生产经营单位的主要负责人撤职处分,对个人经营的投资人并处2万元以上20万元以下的罚款

26. 生产经营单位的主要负责人在本单位发生生产安全事故时,不立即组织抢救或者在事故调查处理期间擅离职守或者逃匿的,给予降级、撤职的处分,并由应急管理部门处上一年年收入(　　)的罚款。

A. 40% 至 60%　　B. 40% 至 80%

C. 60% 至 80%　　D. 60% 至 100%

27. 负有安全生产监督管理职责的部门应当建立举报制度。涉及人员死亡的举报事项,应当由(　　)组织核查处理。

A. 县级以上人民政府

B. 县级以上监察机关

C. 负有安全生产监督管理职责的部门

D. 公安机关

28. 任何单位或者个人对事故隐患或者安全生产违法行为,均有权向(　　)报告或者举报。

A. 违法企业主管部门

B. 违法企业所在地的县级人民政府

C. 违法企业所在地的公安机关

D. 负有安全生产监督管理职责的部门

29.《安全生产法》规定生产经营单位实行(　　)安全生产责任制。

A. 管理人员　　　　B. 专职安全管理人员

C. 全员　　　　D. 全面

30. 生产经营单位对重大危险源应当登记建档,进行定期检测、评估、监控,并制定(　　),告知从业人员和相关人员在紧急情况下应当采取的应急措施。

A. 管控措施　　　　B. 整改措施

C. 安全措施　　　　D. 应急预案

## 二、多选题

1. 制定《安全生产法》的目的是(　　)。

A. 加强安全生产工作

B. 防止和减少生产安全事故

C 保障人民群众生命和财产安全

D. 促进经济社会持续健康发展

2. 安全生产工作要坚持的要求有(　　)。

A. 坚持安全第一、预防为主、综合治理的方针

B. 坚持中国共产党的领导

C. 实行管行业必须管安全、管业务必须管安全、管生产经营必须管安全

D. 坚持预防为主,事后及时补救

3. 下列关于生产经营单位的说法正确的有(　　)。

A. 对安全生产实行集体负责制

B. 构建安全风险分级管控和隐患排查治理双重预防机制

C. 健全风险防范化解机制

D. 平台经济等新兴行业的生产经营单位应当建立健全并落实全员安全生产责任制

4. 下列关于安全生产工作说法正确的有(　　)。

A. 各级人民政府及其有关部门应当采取多种形式,加强对有关安全生产的法律、法规和安全生产知识的宣传,增强全社会的安全生产意识

B. 有关协会组织依照法律、行政法规和章程,为生产经营单位提供安全生产方面的信息、培训等服务,发挥自律作用,促进生产经营单位加强安全生产管理

C. 依法设立的为安全生产提供技术、管理服务的机构,依照法律、行政法规和执业准则,接受生产经营单位的委托为其安全生产工作提供技术、管理服务

D. 工会依照行业习惯、生产准则、法律法规要求为企业员工提供必要的安全生产保护器具

5. 生产经营单位应当具备《安全生产法》和有关法律、行政法规和(　　)规定的安全生产条件,不具备安全生产条件的,不得从事生产经营活动。

A. 国际标准　　　　B. 国家标准

C. 行业标准　　　　D. 企业标准

6. 下列关于安全生产费用的说法正确的有(　　)。

A. 生产经营单位应当具备的安全生产条件所必需的资金投入,由生产经营单位的决策机构、主要负责人或者个人经营的投资人予以保证

B. 安全生产必要费用不得低于生产经营单位上一年收入的 10%

C. 安全生产费用在成本中据实列支

D. 生产经营单位应当按照规定提取和使用安全生产费用,专门用于改善安全生产条件

7. 生产经营单位采用新工艺、新技术、新材料或者使用新设备前要做好的准备有(　　)。

A. 必须了解、掌握其安全技术特性

B. 采取有效的安全防护措施

C. 报上级主管部门备案

D. 对从业人员进行专门的安全生产教育和培训

8. 矿山、金属冶炼建设项目和用于(　　)危险物品的建设项目竣工投入生产或者使用前,应当由建设单位负责组织对安全设施进行验收;验收合格后方可投入生产和使用。

A. 生产　　　　B. 储存

C. 装卸　　　　D. 使用

9. 生产经营单位不得关闭、破坏直接关系生产安全的监控、报警、防护、救生设备、设施,或者(　　)其相关数据、信息。

A. 隐藏　　　　B. 篡改

C. 隐瞒　　　　D. 销毁

10. 两个以上生产经营单位在同一作业区域内进行生产经营活动,可能危及对方生产安全的,双方应当(　　)。

A. 该区域内仅能保留一家生产经营单位

B. 签订安全生产管理协议

C. 明确各自的安全生产管理职责和应当采取的安全措施

D. 指定专职安全生产管理人员进行安全检查与协调

11. 下列关于生产经营单位的从业人员的安全生产权利

的说法正确的有(　　)。

A. 有权对本单位安全生产工作中存在的问题提出批评、检举、控告

B. 有权了解其作业场所和工作岗位存在的危险因素、防范措施及事故应急措施

C. 有权拒绝违章指挥和强令冒险作业

D. 有权对本单位的安全生产工作提出建议

12. 下列关于生产经营单位的从业人员的安全生产义务的说法正确的有(　　)。

A. 从业人员在作业过程中,应当严格落实岗位安全责任,遵守本单位的安全生产规章制度和操作规程,服从管理

B. 从业人员在作业过程中,应当正确佩戴和使用劳动防护用品

C. 从业人员应当接受安全生产教育和培训,掌握本职工作所需的安全生产知识,提高安全生产技能,增强事故预防和应急处理能力

D. 从业人员发现事故隐患或者其他不安全因素,应当立即向现场安全生产管理人员或者本单位负责人报告

13. 下列关于生产安全事故的应急救援的说法正确的有(　　)。

A. 国家加强生产安全事故应急能力建设

B. 国家在重点行业、领域建立应急救援基地和应急救援队伍,并由国家安全生产应急救援机构统一协调指挥

C. 国家鼓励生产经营单位和其他社会力量建立应急救援队伍

D. 县级以上地方各级人民政府应当组织有关部门制定本

行政区域内生产安全事故应急救援预案,建立应急救援体系

14. 危险物品的生产、经营、储存、运输单位以及矿山、金属冶炼、城市轨道交通运营、建筑施工单位应当配备必要的应急救援(　　),并进行经常性维护、保养,保证正常运转。

A. 器材　　B. 设备

C. 设施　　D. 物资

15. 生产经营单位发生生产安全事故,经调查确定为责任事故的,除了应当查明事故单位的责任并依法予以追究外,还应当查明对安全生产的有关事项负有(　　)职责的行政部门的责任,对有失职、渎职行为的,依照《安全生产法》第九十条的规定追究法律责任。

A. 审查批准　　B. 审查核准

C. 监督　　D. 管理

16. 负有安全生产监督管理职责的部门的工作人员(　　),给予降级或者撤职的处分;构成犯罪的,依照刑法有关规定追究刑事责任。

A. 对不符合法定安全生产条件的涉及安全生产的事项予以批准或者验收通过的

B. 发现未依法取得批准、验收的单位擅自从事有关活动或者接到举报后不予取缔或者不依法予以处理的

C. 对已经依法取得批准的单位不履行监督管理职责,发现其不再具备安全生产条件而不撤销原批准或者发现安全生产违法行为不予查处的

D. 在监督检查中发现重大事故隐患,不依法及时处理的

17. 生产经营单位未采取措施消除事故隐患的,责令立即消除或者限期消除,处 5 万元以下的罚款;生产经营单位拒不

执行的，对该单位及其直接负责的主管人员应当采取的惩罚措施有(　　)。

A. 吊销生产经营单位有关证照

B. 责令生产经营单位停产停业整顿

C. 对生产经营单位直接负责的主管人员处 5 万元以上 10 万元以下的罚款

D. 对生产经营单位直接负责的主管人员处上一年年收入 60% 至 100% 的罚款

18. 生产经营单位的从业人员(　　)的，由生产经营单位给予批评教育，依照有关规定给予处分；构成犯罪的，依照刑法有关规定追究刑事责任。

A. 不落实岗位安全责任

B. 不服从管理

C. 违反安全生产规章制度或者操作规程

D. 不及时报告事故隐患

19. 安全生产监督检查人员应当将检查的(　　)作出书面记录，并由检查人员和被检查单位的负责人签字。

A. 时间、地点、内容

B. 发现的问题及其处理情况

C. 现场人数

D. 周边环境

20. 城市轨道交通运营单位应当配备必要的应急救援(　　)，并进行经常性维护、保养，保证正常运转。

A. 器材　　B. 设备

C. 物资　　D. 直升机

## 三、填空题

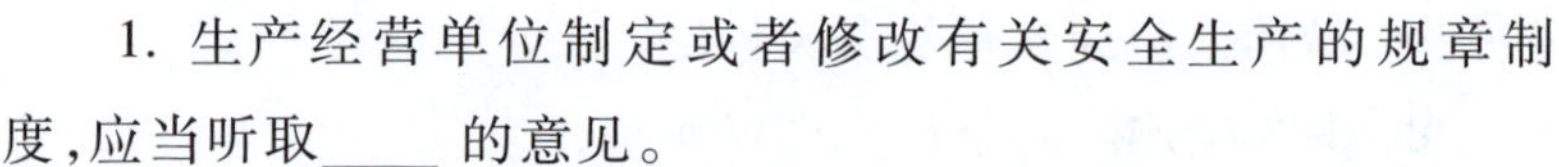

1. 生产经营单位制定或者修改有关安全生产的规章制度，应当听取____的意见。

2. 生产经营单位的全员安全生产责任制应当明确各岗位的____、____和考核标准等内容。

3. 生产经营单位作出涉及安全生产的经营决策，应当听取____以及____的意见。

4. 生产经营单位应当在____的生产经营场所和有关设施、设备上，设置明显的____标志。

5. 生产经营单位必须为从业人员提供符合国家标准或者行业标准的____用品，并监督、教育从业人员按照使用规则______、______。

6. 从业人员发现直接危及____的紧急情况时，有权____或者在采取可能的应急措施后撤离作业场所。

7. 因生产安全事故受到损害的从业人员，除依法享有____外，依照有关民事法律尚有获得赔偿的权利的，有权提出______。

8. 负责事故调查处理的国务院有关部门和地方人民政府应当在批复事故调查报告后____内，组织有关部门对事故整改和防范措施落实情况进行评估，并及时向社会公开评估结果。

9. 任何单位和个人不得____对事故的依法调查处理。

10. 生产经营单位的其他负责人和安全生产管理人员未履行《安全生产法》规定的安全生产管理职责的，责令限期改正，处____的罚款。

11. 生产经营单位发生生产安全事故造成____、他人财产损失的,应当依法承担赔偿责任;拒不承担或者其负责人____的,由____依法强制执行。

12. 国务院应急管理部门和其他负有安全生产监督管理职责的部门应当根据各自的职责分工,制定相关行业、领域重大危险源的______和重大事故隐患的________。

13. 安全生产工作应当________,坚持________,把保护人民生命安全摆在首位,树牢安全发展理念,坚持安全第一、________、________的方针。

14. 危险物品的生产、储存、装卸单位以及矿山、金属冶炼单位应当有____从事安全生产管理工作。鼓励其他生产经营单位聘用____________________从事安全生产管理工作。

15. 任何单位或者个人对________________________或者____________________,均有权向负有安全生产监督管理职责的部门报告或者举报。

16. 生产经营单位应当制定本单位生产安全事故______,与所在地县级以上地方人民政府组织制定的生产安全事故应急救援预案相衔接,并定期____________________。

17. 两个以上生产经营单位在____________________进行生产经营活动,可能危及对方生产安全的,应当签订安全生产________________,明确各自的安全生产管理职责和应当采取的安全措施,并指定专职安全生产管理人员进行安全检查与协调。

18. 生产经营单位未采取措施消除________________的,责令立即消除或者限期消除;生产经营单位拒不执行的,责令________________,对其直接负责的主管人员和其他直接责任人员处五万元以上十万元以下的罚款;构成犯罪的,依照刑法有关规定追究刑事责任。

19. 新闻、出版、广播、电影、电视等单位有进行安全生产________________的义务，有对违反安全生产法律、法规的行为进行____________________的权利。

20. 生产经营单位的从业人员有权了解其作业场所和工作岗位存在的________________、防范措施及事故应急措施，有权对本单位的安全生产工作提出建议。

## 四、判断题

1. 工会依法对安全生产工作进行监督。（ ）

2. 生产经营单位必须执行依法制定的保障安全生产的国家标准或者地方标准。（ ）

3. 县级以上各级人民政府应当组织负有安全生产监督管理职责的部门依法编制安全生产权力和责任清单，公开并接受社会监督。（ ）

4. 生产经营单位的主要负责人和安全生产管理人员必须具备与本单位所从事的生产经营活动相应的安全生产知识和管理能力。（ ）

5. 特种作业人员的范围由国务院应急管理部门确定。（ ）

6. 国家对严重危及生产安全的工艺、设备实行淘汰制度。（ ）

7. 生产经营场所和员工宿舍应当设有符合紧急疏散要求、标志明显、保持畅通的出口、疏散通道。禁止占用、锁闭、封堵生产经营场所或者员工宿舍出口、疏散通道。（ ）

8. 生产经营单位不得将生产经营项目、场所、设备发包或

者出租。（　）

9. 生产经营单位与从业人员订立的劳动合同，只需载明有关保障从业人员劳动安全、防止职业危害的事项。（　）

10. 生产经营单位使用被派遣劳动者的，被派遣劳动者享有《安全生产法》规定的从业人员的权利，并应当履行《安全生产法》规定的从业人员的义务。（　）

11. 危险物品的生产、经营、储存单位以及矿山、金属冶炼、城市轨道交通运营、建筑施工单位必须建立应急救援组织。（　）

12. 事故调查报告应当依法及时向社会公布。（　）

13. 生产经营单位的主要负责人未履行本法规定的安全生产管理职责，导致发生生产安全事故的，由应急管理部门处2万元以上5万元以下的罚款。（　）

14. 生产经营单位与从业人员订立协议，免除或者减轻其对从业人员因生产安全事故伤亡依法应承担的责任的，该协议无效。（　）

15.《安全生产法》规定的行政处罚，由应急管理部门和其他负有安全生产监督管理职责的部门按照职责分工决定。（　）

16. 负有安全生产监督管理职责的部门不得要求接受审查、验收的单位购买其指定品牌或者指定生产、销售单位的安全设备、器材或者其他产品。（　）

17. 生产经营单位委托中介机构提供安全生产技术、管理服务的，保证安全生产的责任仍由本单位负责。（　）

18.《安全生产法》不仅适用于生产经营单位，同时也适用于国家安全和社会治安方面的管理。（　）

19. 对重大、特别重大生产安全事故负有责任的，终身不得担任本行业生产经营单位的主要负责人。（ ）

20. 城市轨道交通运营可以不建立应急救援组织，但应当指定兼职的应急救援人员。（ ）

## 五、简答题

1. 简述各级人民政府对开展安全生产应采取的工作。

2. 简述生产经营单位的主要负责人对本单位安全生产工作负有的职责。

3. 简述生产经营单位的安全生产管理机构以及安全生产管理人员应当履行的职责。

4. 简述工会在生产经营单位违反安全生产法律法规时应当履行的职责。

5. 简述生产经营单位发生生产安全事故后，各单位及人员应当采取的措施。

6. 简述发生生产安全事故，对负有责任的生产经营单位除要求其依法承担相应的赔偿等责任外，由应急管理部门依照规定处以罚款的标准。

7. 简述《安全生产法》中所称危险物品、重大危险源的含义。

8. 简述修改后的《安全生产法》十大亮点。

9. 应急管理部门和其他负有安全生产监督管理职责的部门依法开展安全生产行政执法工作，对生产经营单位执行有关安全生产的法律、法规和国家标准或者行业标准的情况进行监督检查，行使哪些职权？

10. 城市轨道交通建设和运营期对安全评估的要求是什么？

# 参考答案

## 一、单选题

1. A　2. B　3. C　4. A　5. C　6. A
7. A　8. C　9. A　10. B　11. A　12. B
13. A　14. C　15. C　16. D　17. A　18. C
19. A　20. D　21. C　22. A　23. A　24. B
25. D　26. D　27. A　28. D　29. C　30. D

## 二、多选题

1. ABCD　2. ABC　3. BCD　4. ABC
5. BC　6. ACD　7. ABD　8. ABC
9. BCD　10. BCD　11. ABCD　12. ABCD
13. ABCD　14. ABD　15. AC　16. ABCD
17. BC　18. ABC　19. AB　20. ABC

## 三、填空题

1. 工会
2. 责任人员;责任范围
3. 安全生产管理机构;安全生产管理人员
4. 有较大危险因素;安全警示
5. 劳动防护;佩戴;使用
6. 人身安全;停止作业
7. 工伤保险;赔偿要求
8. 1 年
9. 阻挠和干涉
10. 1 万元以上 3 万元以下

11. 人员伤亡;逃匿;人民法院

12. 辨识标准;判定标准

13. 以人为本;人民至上、生命至上;预防为主;综合治理

14. 注册安全工程师;注册安全工程师

15. 事故隐患;安全生产违法行为

16. 应急救援预案;组织演练

17. 同一作业区域内;管理协议

18. 事故隐患;停产停业整顿

19. 公益宣传教育;舆论监督

20. 危险因素

**四、判断题**

1. 对　2. 错　3. 对　4. 对　5. 错　6. 对
7. 对　8. 错　9. 错　10. 对　11. 错　12. 对
13. 错　14. 对　15. 对　16. 对　17. 错　18. 错
19. 对　20. 错

**五、简答题**

1. 答:根据《安全生产法》第八条规定,国务院和县级以上地方各级人民政府应当根据国民经济和社会发展规划制定安全生产规划,并组织实施。安全生产规划应当与国土空间规划等相关规划相衔接。

各级人民政府应当加强安全生产基础设施建设和安全生产监管能力建设,所需经费列入本级预算。

县级以上地方各级人民政府应当组织有关部门建立完善安全风险评估与论证机制,按照安全风险管控要求,进行产业规划和空间布局,并对位置相邻、行业相近、业态相似的生产经营单位实施重大安全风险联防联控。

第九条规定,国务院和县级以上地方各级人民政府应当加强对安全生产工作的领导,建立健全安全生产工作协调机制,支持、督促各有关部门依法履行安全生产监督管理职责,及时协调、解决安全生产监督管理中存在的重大问题。

乡镇人民政府和街道办事处,以及开发区、工业园区、港区、风景区等应当明确负责安全生产监督管理的有关工作机构及其职责,加强安全生产监管力量建设,按照职责对本行政区域或者管理区域内生产经营单位安全生产状况进行监督检查,协助人民政府有关部门或者按照授权依法履行安全生产监督管理职责。

2. 答:根据《安全生产法》第二十一条规定,生产经营单位的主要负责人对本单位安全生产工作负有下列职责:

(1)建立健全并落实本单位全员安全生产责任制,加强安全生产标准化建设;

(2)组织制定并实施本单位安全生产规章制度和操作规程;

(3)组织制定并实施本单位安全生产教育和培训计划;

(4)保证本单位安全生产投入的有效实施;

(5)组织建立并落实安全风险分级管控和隐患排查治理双重预防工作机制,督促、检查本单位的安全生产工作,及时消除生产安全事故隐患;

(6)组织制定并实施本单位的生产安全事故应急救援预案;

(7)及时、如实报告生产安全事故。

3. 答:根据《安全生产法》第二十五条第一款规定,生产经营单位的安全生产管理机构以及安全生产管理人员履行下列职责：

(1)组织或者参与拟订本单位安全生产规章制度、操作规程和生产安全事故应急救援预案；

(2)组织或者参与本单位安全生产教育和培训，如实记录安全生产教育和培训情况；

(3)组织开展危险源辨识和评估，督促落实本单位重大危险源的安全管理措施；

(4)组织或者参与本单位应急救援演练；

(5)检查本单位的安全生产状况，及时排查生产安全事故隐患，提出改进安全生产管理的建议；

(6)制止和纠正违章指挥、强令冒险作业、违反操作规程的行为；

(7)督促落实本单位安全生产整改措施。

4. 答：根据《安全生产法》第六十条第二、三款规定，工会对生产经营单位违反安全生产法律、法规，侵犯从业人员合法权益的行为，有权要求纠正；发现生产经营单位违章指挥、强令冒险作业或者发现事故隐患时，有权提出解决的建议，生产经营单位应当及时研究答复；发现危及从业人员生命安全的情况时，有权向生产经营单位建议组织从业人员撤离危险场所，生产经营单位必须立即作出处理。工会有权依法参加事故调查，向有关部门提出处理意见，并要求追究有关人员的责任。

5. 答：根据《安全生产法》第八十三条规定，生产经营单位发生生产安全事故后，事故现场有关人员应当立即报告本单位负责人。单位负责人接到事故报告后，应当迅速采取有效措施，组织抢救，防止事故扩大，减少人员伤亡和财产损失，并按照国家有关规定立即如实报告当地负有安全生产监督管理职责的部门,不得隐瞒不报、谎报或者迟报,不得故意破坏事故现场、毁灭有关证据。

第八十四条规定,负有安全生产监督管理职责的部门接到事故报告后,应当立即按照国家有关规定上报事故情况。负有安全生产监督管理职责的部门和有关地方人民政府对事故情况不得隐瞒不报、谎报或者迟报。

第八十五条规定,有关地方人民政府和负有安全生产监督管理职责的部门的负责人接到生产安全事故报告后,应当按照生产安全事故应急救援预案的要求立即赶到事故现场,组织事故抢救。参与事故抢救的部门和单位应当服从统一指挥,加强协同联动,采取有效的应急救援措施,并根据事故救援的需要采取警戒、疏散等措施,防止事故扩大和次生灾害的发生,减少人员伤亡和财产损失。事故抢救过程中应当采取必要措施,避免或者减少对环境造成的危害。任何单位和个人都应当支持、配合事故抢救,并提供一切便利条件。

6. 答:根据《安全生产法》第一百一十四条规定,发生生产安全事故,对负有责任的生产经营单位除要求其依法承担相应的赔偿等责任外,由应急管理部门依照下列规定处以罚款:

(1)发生一般事故的,处 30 万元以上 100 万元以下的罚款;

(2)发生较大事故的,处 100 万元以上 200 万元以下的罚款;

(3)发生重大事故的,处 200 万元以上 1000 万元以下的罚款;

(4)发生特别重大事故的,处 1000 万元以上 2000 万元以下的罚款。

发生生产安全事故，情节特别严重、影响特别恶劣的，应急管理部门可以按照前款罚款数额的2倍以上5倍以下对负有责任的生产经营单位处以罚款。

7. 答：根据《安全生产法》第一百一十七条规定，危险物品，是指易燃易爆物品、危险化学品、放射性物品等能够危及人身安全和财产安全的物品。

重大危险源，是指长期地或者临时地生产、搬运、使用或者储存危险物品，且危险物品的数量等于或者超过临界量的单元（包括场所和设施）。

8. 答：新修改的《安全生产法》体现诸多亮点，主要特色和亮点如下：

亮点一：坚持党的领导；

亮点二：坚持人民至上、生命至上；

亮点三：压实企业安全生产主体责任；

亮点四：加大对违法违规行为的处罚力度；

亮点五：强化凝聚监管合力；

亮点六：突出预防为主；

亮点七：狠抓诚信建设；

亮点八：更加注重行政执法与刑事司法的衔接；

亮点九：推进“互联网+应急管理”；

亮点十：用事故教训推动工作。

9. 答：（1）进入生产经营单位进行检查，调阅有关资料，向有关单位和人员了解情况；

（2）对检查中发现的安全生产违法行为，当场予以纠正或者要求限期改正；对依法应当给予行政处罚的行为，依照《安全生产法》和其他有关法律、行政法规的规定做出行政处罚决定；

(3)对检查中发现的事故隐患,应当责令立即排除;重大事故隐患排除前或者排除过程中无法保证安全的,应当责令从危险区域内撤出作业人员,责令暂时停产停业或者停止使用相关设施、设备;重大事故隐患排除后,经审查同意,方可恢复生产经营和使用;

(4)对有根据认为不符合保障安全生产的国家标准或者行业标准的设施、设备、器材以及违法生产、储存、使用、经营、运输的危险物品予以查封或者扣押,对违法生产、储存、使用、经营危险物品的作业场所予以查封,并依法作出处理决定。

监督检查不得影响被检查单位的正常生产经营活动。

10. 答:城市轨道交通工程项目验收合格后,由城市轨道交通运营主管部门组织初期运营前安全评估。通过初期运营前安全评估的,方可依法办理初期运营手续。城市轨道交通线路初期运营期满一年,运营单位应当向城市轨道交通运营主管部门报送初期运营报告,并由城市轨道交通运营主管部门组织正式运营前安全评估。通过安全评估的,方可依法办理正式运营手续。对安全评估中发现的问题,城市轨道交通运营主管部门应当报告城市人民政府,同时通告有关责任单位要求限期整改。